歴史文化ライブラリー
377

海外戦没者の戦後史

遺骨帰還と慰霊

浜井和史

吉川弘文館

目　次

戦後日本と海外戦没者――プロローグ

水島上等兵からの手紙

終戦から二年余りが過ぎた一九四七（昭和二二）年一二月、児童向け童話雑誌『赤とんぼ』に一人の青年上等兵の手紙が掲載された。手紙の中で、上等兵は次のようにうったえた。

私は日本には帰りません。そういう決心をいたしました。（中略）私がしていることは何かといいますと、それは、この国のいたるところに散らばっている日本人の白骨を始末することです。墓をつくり、それにそれをおさめ葬って、なき霊に休安の場所をあたえることです。幾十万の若い同胞が引きだされて兵隊になって、敗けて、逃げて、死んで、その死骸がまだそのままに遺棄されています。それはじつに悲惨な目をおおうありさまです。私はそれを見てから、もうこれをそのままにしておくことはできなくなりました。これを何とかしてしまわないうちは、私の足はこの国の土を離れることはできません。

これは、小説『ビルマの竪琴』の主人公・水島安彦上等兵が、復員して日本へ帰還する所属部隊長に宛てた手紙の一部である。作者の竹山道雄は、遠い異国に屍《しかばね》をさらし、「知られず、柩におさめられず、葬いの鐘も鳴らされず」にいる戦没者たちに「何とか葬いをしなくては」という動機からこの物語を書き上げたという（『読売新聞』一九六四年八月二六日付夕刊）。

もちろん水島上等兵とは架空の人物であり、この作品はいちども現地に赴いたことのない竹山による想像の物語である。しかし、竹山の想像は、激戦に次ぐ激戦で「玉砕」し、結果として海外の戦場に放置されることとなった多くの戦没者が置かれた現実の状況を言い当てていた。したがって、現地で野ざらしになっている戦没者の骨を拾い、墓を建てて埋葬し、祈りを捧げるという、竹山が水島上等兵に託した思いは、家族や友人が海外で戦死し、「空の遺骨箱」が届けられた経験を共有する多くの日本人の心の傷を癒し、広く共感を呼んだものと想像される。

実際、『赤とんぼ』連載終了後の一九四八年三月に刊行された『ビルマの竪琴』は大ベストセラーとなり、その後も二度にわたって映画化され、いずれも大ヒット作となった。

一度目の映画化は「もはや戦後ではない」とうたわれた一九五六年のことであり、二度目は「戦後政治の総決算」を掲げた中曽根康弘内閣期、戦後四〇年を迎えた一九八五年のことである。『ビルマの竪琴』とともに日本は、「戦後」から一歩、また一歩と遠ざかりつつあったともいえる。

「終わらぬ戦後」の原点

しかし、アジア・太平洋の広大な地域に遺された戦没者の遺体・遺骨に対する処置についていえば、戦時中ないし復員時に持ち帰られたもの以外の大部分は、現実には「水島上等兵」に弔われることなく、そのままの状態で現地に遺されていたのが実態であった。

一九三七年七月の盧溝橋事件《ろこうきょうじけん》から一九四五年九月の降伏文書調印までの全戦没者数は約三一〇万人で、このうち日本本土以外の「海外戦没者」（沖縄を含む）は約二四〇万人とされる（表1）。しかし、二〇一三年の時点で日本に「帰還」したとされる遺骨は約一二七万柱と全海外戦没者の半数程度に過ぎない（表2）。

この約一二七万柱のうち、サンフランシスコ平和条約の発効からまもない一九五三年に開始された日本政府による「遺骨収集団」の派遣によって、これまで日本国内に持ち帰られた遺骨は合計で約三三万柱とされる。また、あとで詳しくみるように、おもに一九五〇年代に実施された「遺骨収集団」の派遣がひととおり終了し、政府が海外戦没者の遺骨収

表１　地域別戦没者概数（単位：人）

地　域	戦没者概数
硫黄島	21,900
沖縄	186,500
中部太平洋	247,000
フィリピン	518,000
タイ，マレーシア等	21,000
ミャンマー	137,000
インド	30,000
北ボルネオ	12,000
インドネシア	31,400
西イリアン	53,000
東部ニューギニア	127,600
ビスマルク・ソロモン諸島	118,700
中国東北部（ノモンハンを含む）	245,400
中国本土	465,700
アリューシャン（樺太，千島を含む）	24,400
ロシア（旧ソ連，モンゴルを含む）	54,400
その他（韓国，北朝鮮，台湾，ベトナム，カンボジア，ラオス他）	107,800
合　計	2,401,800

厚生労働省「地域別戦没者概見図」（2013年８月13日現在）より作成.

容にいったん「区切り」をつけようとした時点までに収容された遺骨数は、一万一〇〇〇柱余りに過ぎなかった。

政府が遺骨収容作業を本格的に再開したのは、佐藤栄作内閣期の一九六八年になってからのことであるが、これは一九六四年に海外渡航が自由化されて以降、旧戦場を訪れた遺族や戦友たちが当時においてなお少なくない数の遺骨が野ざらしにされている状況を目の

表２　戦没者数と海外戦没者の遺骨数内訳

戦没者数	全戦没者	310万人（軍人・軍属：230万人）	
	海外戦没者	240万人（軍人・軍属：210万人）	
海外戦没者の遺骨数	送還済（「遺骨収集（帰還）」事業による送還数）		127万柱（33万柱）
		千鳥ヶ淵戦没者墓苑納骨数	36万柱
	未帰還		113万柱
		海没による収容困難	30万柱
		相手国の事情による収容困難	23万柱
		収容可能（推計）	60万柱

厚生労働省HPなどより作成．数字は概数．

当たりにしたことをきっかけとする。その後、今日まで続く遺骨収容作業が並々ならぬ「風化」とのたたかいであったことを考えると、戦後最初の二〇年間という期間は決定的に重要な時期であったはずである。にもかかわらず、この期間に収容された約一万一〇〇〇柱という数字は、いかにも少ないように思える。

他方で、戦後二〇年間は、日本が国際社会、とりわけアジア・太平洋地域社会へと復帰する過程でもあった。戦争の記憶がまだ生々しいこの時期、日本に対する反感と賠償問題など戦後処理上の困難な課題を抱えるなかで、各国に散在する日本人戦没者の収容の実現は容易ではなかっただろうということは想像に難くない。

本書では、終戦から一九六五年頃までの約二〇年間にわたり、戦後日本が海外戦没者にどのように向き合ってきたのかについてその歴史的経緯を浮き彫りにすることで、「終わらぬ戦後」の原点を見つめ直すことを課題としたい。

「還らぬ遺骨」と「帰らぬ遺骨」

また、ここで、海外から日本本土に送還された戦没者の遺骨が、必ずしもすべて遺族のもとへ届けられたわけではないことには注意する必要がある。国内へ帰還したとされる約一二七万柱のうち、氏名不詳や伝達すべき遺族がみつからなかったなどの理由で行き場を失った遺骨は、一九五九年三月に創設された「千鳥ケ淵《ちどりがふち》戦没者墓苑」に納骨された。墓苑への納骨数は約三六万柱（二〇一三年現在）とされており、したがって遺族へ伝達済みの遺骨は約九一万柱か、あるいは地方自治体等でも無名戦没者の遺骨を納める施設が少なからず存在することを考慮すると、それより少ないという勘定になるだろう。

もちろん、これらの戦没者数や遺骨数はあくまで概数であり、いずれも正確な数字はわからないというのが実情である。しかし、海外で命を落とした多数の戦没者の遺骨が日本に還ってきていない、あるいは、遺族のもとへ帰ってきていない、という実感は、多くの日本人によって共有されてきた。本書では特にこの点に注目し、戦没者の遺骨が海外から日本国内に送還されるまでのプロセスを表現する際には「帰還」の「還」の文字をあて、遺骨が本土に上陸後、遺族のもとへ帰宅するプロセスには「帰」の文字をあてて使い分けることにしたい。

他方、たとえ遺骨が無くとも、死亡と認定された軍人・軍属の遺族のもとへは白木の遺骨箱が届けられた。そのなかには、遺骨の代わりに霊璽《れいじ》や遺髪・遺爪、戦場の砂や土などが入っている場合が多かった。戦況が悪化して以降によくみられたこうした状況について波平恵美子氏は、政府や軍部はたとえ死んだとしても「兵士を兵士として帰還させる」必要があり、その観点から遺骨が無い場合でも霊璽や戦場の砂といったものを「遺骨」と読み替えることを遺族に強いてきたと論じている（『日本人の死のかたち』二〇〇四）。この経験は「空の遺骨箱」として記憶され、遺族たちは、その遺骨箱の軽さと失われた命の重さとのギャップに戸惑いを隠せなかった。

そうした遺族の感情を端的に表現した和歌を『昭和万葉集』から引いてみよう。『昭和万葉集』は一九二六（昭和元）年から一九七五（昭和五〇）年までの半世紀にわたって発表された和歌を幅広く収集し、テーマや項目別に整理したもので、戦前から戦後にかけての昭和時代の世相を伝える好個の資料である。終戦から一九四七年までの和歌を収録した第七巻には「英霊還る」との項目が設定されており、終戦直後の遺族の心情が垣間見える。

箱一つ還りひたりて亡き人を思へとならしその軽き箱

山本道子（『潮騒』一九四六年一〇・一一月合併号）

白木の小箱いだきしむれど音もなく骨なき柩のこの軽さはも
山田よね（『立春』一九四七年九月）

この『昭和万葉集』には、遺骨なき戦没者への想いを詠ったものが少なくなく、それは最終巻まで途切れることなく続く。

遺骨なき箱に一にぎりさらさらとありし赤土の色忘らえず
真鍋良子（『水甕』一九六五年一二月）

遺骨さへ無き弟よ英霊と書きたる紙が箱より出でぬ
宮崎道子（『心の花』一九七二年五月）

還らざる遺骨は百余万ありと聞く吾が弟よその一人なる
森野一司（『毎日新聞』一九七五年四月一九日）

これらの和歌に表現されるような戦没者の遺骨に対する「執拗で熱い関心」は、何よりも「民族的心性の不可避の発現」として、日本人の意識を刺激し続けてきたと山折哲雄氏は指摘する（『死の民俗学』一九九〇）。そして、この「民族的心性」の根底には日本人に特有の「遺骨崇拝」が影響しており、今日においてなお、政府が海外で遺骨の収容活動を続けていることは、この「遺骨崇拝」と無関係でないとする議論も少なくない。

しかし、戦後の日本社会において遺族が遺骨に対して「執拗で熱い関心」を示したことには、より直接的な要因を挙げることができるだろう。一ノ瀬俊也氏はこの点について、「戦死公報」の紙切れ一枚で肉親の死を告げられ、戦前と比較して「粗略な扱い」を受けていると感じていた遺族たちにとって「それ（遺骨）がない限り肉親の死という事実が信じられなかった」からだと端的に指摘している（『銃後の社会史』二〇〇五）。

敗戦により、「空の遺骨箱」を本物の「遺骨」と読み替えることを強制した主体は解体し、それを容認する国家や社会も崩壊した。その一方で、従来日本人の目から逸らされ続けていた海外戦没者がおかれた現実が浮かび上がってくることになる。それはまさに過酷な現実であった。この現実に対して戦後間もない日本がどう対処したのか、そして今日もなお遺骨収容が続けられている意味について、本書を通じて考えていくこととしたい。

なお、本書ではおもに日本人戦没者について取り上げるが、海外戦没者のなかには日本人に限らず、少なからぬ朝鮮人や中国人、その他連合国の捕虜などが含まれている。彼らの遺体や遺骨の祖国への帰還問題が抱える課題はすでに指摘されているところであるが（たとえば、内海愛子他『遺骨の戦後』二〇〇七を参照）、その動向は日本人戦没者の取扱いとは別の力学が働いていると考えられることから、本書ではその問題の存在と重要性を指摘するにとどめることとしたい。

大日本帝国の崩壊と海外戦没者

大日本帝国下の海外戦没者

日清戦争と海外戦没者処理

明治維新以降、新政府は徴兵制度の確立と陸海軍を整備する過程で、死亡した兵士の埋葬場所や埋葬手続きなどを随時規定してきた。それらは原則として、平時における死者、すなわち訓練などによって兵営や艦船で亡くなった准士官や下士官、兵士などの埋葬方法を規定したものであった（原田敬一「陸海軍墓地制度史」二〇〇三）。そうしたなか、近代日本が経験した最初の本格的な対外戦争が、一八九四年から翌九五年にかけて行われた日清戦争であった。日清戦争による日本側の軍人・軍属の戦没者数は、一八九五年一一月に平定宣言が出された台湾征討を含めて約一万四〇〇〇人にのぼり、明治政府ないし軍部は、これら海外で命を落とした多数の兵士たちをどのように処理すべきかという問題に直面したのである。

日清戦争に際して陸海軍は、戦没者処理のための戦時規定として「戦時陸軍埋葬規則」（一八九四年七月一七日）と「戦時海軍死亡者取扱規則」（同九月二一日）をそれぞれ初めて制定した。これらの規則は、軍人・軍属の戦没者の遺体の埋葬や墓標の設置などについて規定し、埋葬場所については、陸海軍が一八七〇年代以降、師団（鎮台）所在地などに設定していた国内の埋葬地に加えて「特ニ選定シタル土地」を挙げていた。これはすなわち、戦没者の遺体を戦死地点に近い現地に埋葬することを想定したものであったと考えられる。

実際、陸軍参謀本部が編纂した日清戦争に関する公刊戦史である『明治廿七八年日清戦史』第八巻（一九〇四）からは、おおむね上記の戦時規則にしたがって戦没者の処理が行われた様子がうかがえる。すなわち、戦没者の遺体は「各戦場若クハ宿営地付近ニ於ケル共同墓地、若クハ特ニ撰定セル土地」に埋葬され、「各階級ニ応スル一定ノ墓標ヲ建設」した。また、開戦当初は「単ニ軍隊会葬ノ儀ヲ整ヘタルニ過キ」なかったが、その後間もなくしてからは、「僧侶神官ノ従軍スル者アリ葬儀ノ際ニハ鎮魂読経等ノ式」を挙行したとされる。

「掃除隊」の登場

それでは日清戦争中、現地では具体的にどのような処理が行われていたのだろうか。この点に関しては、羽賀祥二氏の研究が詳細に明らかにしている（「戦病死者の葬送と招魂」二〇〇〇）。

羽賀氏によれば、開戦当初より、戦闘が終了するごとに編成された「掃除隊」によって敵味方双方の遺体が回収され、場合によっては火葬した上で埋葬された。「掃除隊」の規模は状況により異なったようであるが、各大隊から三〇名程度が動員され、約一〇〇人規模で行われた様子がうかがわれる。戦没者の遺体の回収以外にも、不潔物を焼いたり、獣類を川に流したりするなどの処理も「掃除隊」によって行われた。軍が「戦場掃除」に神経を使った理由について羽賀氏は、「死骸の放置もしくは不適切な埋葬によって伝染病の流行を防ぐため」であったとしている。実際、現地の衛生状況は相当劣悪であったとみえ、兵士たちが上陸してまず感じたのが「不潔」と「におい」であったという（原田敬一『日清・日露戦争』二〇〇七）。日清戦争の戦没者のうち病死者の占める割合は約九割であり、多くの兵士がコレラや赤痢などの伝染病に悩まされた。それだけに、衛生管理には特に気を遣う必要があった。

おそらくこうした現地事情を踏まえ、開戦から三か月余り経った一八九四年一一月、平壌《ピョンヤン》攻略作戦や海城《かいじょう》・牛荘《ぎゅうそう》の戦いに参加した第三師団では、戦（病）死者の「遺骸取扱規程」を制定した。この規程では、戦没者の遺骸は「戦地掃除隊」が「火葬」して埋葬主任者に引き渡し（第一項）、埋葬主任者は掃除隊から受け取った「遺骨」を「最モ見出シ易キ地点」を選んで埋葬することとされた（第三項）。そして埋葬場所には必ず「墓標」

を立て、後日改葬する場合にも差し支えないように位置を明瞭にしておくことが求められた（第六項）。また、遺髪については、「戦地掃除隊」が取りまとめて所属隊に引き渡し（第二項）、所属隊では遺髪を軍事郵便で留守師団司令部を通じて郷里に送ることとしていた。以上は第三師団の例であるが、他の師団においてもおおむね同様の処理がなされたものと考えられる。

火葬の原則化

この「遺骸取扱規程」で特に注目されるのは、戦没者の処理方法に関して「火葬」を原則とした点である。陸海軍中央が制定した前述の戦時規則では「埋葬」（土葬）を原則とし、遺骸の「火葬」は「場合ニ依リ」行うこととしていた。しかし現地では、伝染病の流行に対処するために、遺体の収容後速やかに「火葬」する必要が生じたものと考えられる。

実は日清戦争当時、日本国内における火葬文化はまだ定着過程の途上にあった。幕末までは火葬と土葬は併用されていたが、一八七三年七月に明治政府が布告した「火葬禁止令」（太政官布告第二五三号）によりいったん火葬が全国的に禁止された。一八七五年五月にこれが解除されると国内における火葬率は次第に高まったが、日清戦争後（一八九六年）の火葬率は全国平均で二六・八％であった（表3）。

その後、陸軍が制定した平時の「陸軍埋葬規則」（陸軍省令第二二号、一八九七年八月一

表3　火葬率の推移

1896	26.8%
1900	29.2%
1909	34.8%
1940	55.7%
1950	54.0%
1960	63.1%
1970	79.2%
1975	86.5%
1980	91.1%

鯖田豊之『火葬の文化』(1990) p. 27より作成.

七日）では「死体ハ火葬スルコトヲ得」（第五条）としており、まだ「埋葬」＝「土葬」中心の考え方が残されていた。しかし、後述するように日清戦争後の戦時規則では一貫して「火葬」が原則となったのである。ちなみに、一八九七年四月に制定された「伝染病予防法」では、法定伝染病患者の死体については火葬が原則となった。

なお、「陸軍埋葬規則」を改正した「陸軍墓地規則」（陸軍省令第一六号、一九三八年五月五日）では、改正理由として「現今ハ一般ニ火葬スヘキヲ以テ埋葬ヲ主トセル現行規則（陸軍埋葬規則）ノ当該規定ヲ削除ス」と記されたように、「埋葬」（土葬）に関する文言自体が規則から姿を消すこととなった。一九四〇年において火葬率は全国平均で五五・七％にのぼっており、その意味で軍隊における火葬処理の進展は、国内の埋葬事情と連動していたともいえる。

また日本では、火葬後において「古くから遺族による拾骨がつきもの」であり、それが日本に特徴的な家墓《いえはか》の一般化にとって重要な要素であったという見方もある（鯖田豊之『火葬の文化』一九九〇）。しかし、海外の戦場で火葬した場合は当然遺族による「拾骨」

ができないので、遺族に代わって戦友が骨を拾い、それを大切に保管して遺族のもとへ届けるという構図が戦前の軍隊で定着することになる。日露戦争末期に作られ、もっとも有名な軍歌の一つとして挙げられる戦友の死を主題とした軍歌「戦友」には、「死んだら骨を頼むぞと」というフレーズがあるが、自分の骨を戦友に託すという意識はかなり早い段階で兵士たちの間で共有されていたものと考えられる。

「内地還送」方針の選択

日清戦争時において、戦没者の遺体を掃除隊が収容し、可能な限り火葬して遺骨を現地に仮埋葬して墓標を建てるといった一連の戦没者処理の流れが固まった。もちろん、遺骨を現地に埋葬せず、そのまま国内の所属部隊所在地へ送還した例もあったが、戦場の各所では、多くの墓標が立ち並ぶ光景がみられることとなった。

そうしたなか、一八九五年四月一七日の日清講和条約（下関条約）の締結と前後して、これら現地に埋葬した戦没者の取り扱いが問題となった。すなわち明治政府は、現地の仮埋葬地を恒久的な墓地として将来的にも維持していくのか、あるいは戦争終結後、軍隊が撤退するとともに遺体を発掘して国内へ送還するのか、という選択に迫られたのである。

この点に関して日清戦争の陸軍主力となった第一軍では、朝鮮半島の平安道および黄海道や清の盛京省（現在の中国遼寧省）の各地に埋葬されている日清開戦以来の戦病死者の遺骨を合葬するための墓地を平壌および義州の朝鮮官有地に設定することについて、日清講和成立以前の段階において、朝鮮側地方官吏との間に合意を得ていた。すなわち第一軍は、戦没者の遺骨を国内には送還せず、日本が朝鮮国内に設定した墓地に埋葬して戦争終結後も維持・管理しようと考えていたのである。一八九五年二月、第一軍兵站監《へいたん》の塩屋方圀《しおやかたくに》は、両地には戦没者が数多く合葬されておりすでに石碑の建設にも着手しているとして、土地の永年借用に関して朝鮮政府に照会ありたい旨を井上馨《いのうえかおる》在朝鮮国公使に対して依頼した（外務省記録「陸海軍墓地及埋葬関係雑件　帝国ノ部」）。

その後在朝鮮国公使館と朝鮮政府との間で行われた交渉の状況は、講和成立後の同年六月に外務省に伝えられ、同省は七月二〇日、伊藤博文《いとうひろぶみ》首相へ報告するとともに、大山巌《おおやまいわお》陸相に対して処理方法について照会した。これに対する大山陸相の回答（七月二五日付）は、次のようなものであった。

今回之戦役ニ付遼東半島山東並朝鮮国各地ニ埋葬致候者ノ墳墓ハ、此際総テ発掘シ内地ニ改葬致度（句読点は適宜引用者が施した。以下同）。

すなわち、ここで陸軍が示したのは、「現地埋葬」ではなく、日清戦争での戦没者はすべて日本に「帰還」させるという「内地還送」方針の選択であった。その理由として挙げられたのは、将来における「墓地ノ保存祭典等ノ儀」における「困難」を認めたからであ

った（陸軍省「廿七八年戦役日記」一八九五年八月）。

この陸軍の決断の背景には、いわゆる三国干渉《さんごくかんしょう》の影響があったと考えられる。よく知られているように、日清講和条約の調印から一週間も経たない一八九五年四月二三日、ロシア・フランス・ドイツは日本に対して遼東半島の清国への返還を要求した。これに対して日本は五月四日、列国からのさらなる干渉を懸念した陸奥宗光《むつむねみつ》外相の主張によって三国の要求を受諾し、清国と遼東半島還付条約を結んで（一一月八日）、同地に駐留していた守備隊が撤退することとなった。陸軍が「内地還送」方針を決定したのは三国干渉後のことであり、日本政府は、遼東半島を含む現地所在の仮埋葬地の処理について早急に対応方針を策定する必要に迫られたものと考えられる。

護国寺の忠霊塔

いずれにせよ、現地に埋葬した遺体・遺骨はすべて発掘し、国内へ送還するという方針は、すぐさま陸軍省達書として現地陸軍の各部隊に伝達された。そして遼東半島においては占領地総督部、山東省においては威海衛《いかいえい》占領軍司令部、朝鮮においては南部兵站監部によって、遺体の発掘と火葬、そして遺骨の送還が行われることとなった。

この遺骨送還作業で中心的な役割を担ったのが、当時、遼東半島に駐在していた第四師団（衛戍地《えいじゅ》・大阪）兵站監の遠山規方《とおやまのりかた》であった。遠山は同師団の従軍僧・小林栄運師とと

図１　護国寺の「忠霊塔」

もに各戦場の遺骨を取りまとめ、七つの大箱に納めて国内へ送還した。遺骨はひとまず京都の泉涌《せんにゅう》寺《じ》舎利殿に運ばれて仮安置されたが、仏教の各宗派による協議の結果、「輦轂《れんこく》の下」（天皇の居所）である東京に忠霊堂を建設して納めることに決まった（護国寺『忠霊堂の由来』一九三八）。

その後一八九六年には、一〇名からなる「真言宗忠霊堂創立委員」によって、東京浅草の太郎稲荷の森に大伽藍を建設する計画が進められた。しかし、折からの不況と真言宗各派の分離独立の影響もあり計画はいったん頓挫し、第三師団の従軍僧を務めた経験を持つ護国寺《ごこくじ》（文京区）の高城義海師に一任されることになった。高城師は計画の規模を縮小させることとし、一九〇二年秋になってようやく護国寺境内の宝篋印塔《ほうきょういんとう》（「忠霊塔」に転用）の正面に拝殿としての「忠霊堂」が完成した。京都から東京への遺骨の移送は大掛かりなもので、同年九月初旬に京都を出発し、道中の東海道各地では多くの在郷軍人や民衆、子どもたちの出迎えを受けた。そして一一月二日、護国寺「忠霊塔」の下に遺骨の入った七つの大箱が埋葬され、桂太郎《かつらたろう》首相以下列席のもと大法要が執り行われた。

この時埋葬された遺骨と「忠霊塔」は現在、護国寺境内墓地の一区画に移されており、その由来を今日に伝えている（図1）。

「戦場掃除及戦死者埋葬規則」の制定

海外戦没者処理をめぐる日清戦争での経験は、その後日露戦争（一九〇四～一九〇五年）において制度化され、太平洋戦争期に戦況が悪化するまで継承されることとなった。その際の基本原則となったのが日露戦争開戦から三か月後の一九〇四年五月に陸軍が制定した「戦場掃除及戦死者埋葬規則」（陸軍達第一〇〇号、五月三一日）である。全二四条からなるこの規則の核心は、次の第一条と第九条である。

第一条　各部隊ハ戦闘終ル毎ニ速ニ掃除隊ヲ編成シ、戦場ニ於ケル傷病者及死者ヲ捜索シ、且其ノ遺留品ヲ処理スヘキモノトス。

第九条　帝国軍隊所属者ノ死体ハ各別ニ火葬シ、其ノ遺骨ヲ内地ニ還送スヘシ。但シ場合ニ依リ遺髪ヲ還送シ、遺骨ハ之ヲ戦場ニ仮葬スルコトヲ得。

すなわちこの規則は、日清戦争で採られた戦時における戦没者処理方式を明文化し、

「戦場掃除」＝遺体の回収（第一条）と、「内地還送」＝火葬後の遺骨の国内送還（第九条）という二大原則を確立したものであった。回収された遺体は火葬された後、遺髪やその他の私有物などとともに、戦没地点所在の司令部ないし軍隊から戦没者本人が所属していた部隊の動員・編成地にある国内の師団司令部または官衙《かんが》に送付された（第一八条）。そして国内に送還された遺骨は、「陸軍埋葬規則」に基づいて、原則として「陸軍埋葬地」（一九三八年の「陸軍墓地規則」制定後は「陸軍墓地」に改称）へ埋葬され、戦場に仮埋葬された遺骨についても、「他日之ヲ内地ノ陸軍埋葬地ニ改葬スヘキモノ」とされたのである（第一〇条）。この規則の効力は、太平洋戦争期まで持続した。

遺骨到着後の対応

ここで日露戦争時における遺骨到着後の国内での対応について、第九師団（衛戍地・金沢）を例にみてみよう。

日露戦争時、乃木希典《のぎまれすけ》大将率いる第三軍指揮下で旅順《りよじゆん》攻囲戦に参加し、激しい戦闘で約四五〇〇人もの死者を出した第九師団では、開戦から約半年後に「第九師団軍人軍属戦死病死者遺骨遺髪取扱規程」（石川県告示第二〇八号、一九〇四年七月二二日）を制定して、遺骨が留守師団（動員師団の留守・補充業務などを担当する師団）に到着してから遺族に引き渡されるまでの取扱い手続きを定めた（石川県戦時紀編纂委員編『明治三十七八年石川県戦時紀』一九〇八）。それによると、連隊区司令部（第九師団の場合、金沢・富山・岐阜・鯖江に所在）から死亡通報を受けた遺族が遺骨等の受け取りを希望する場合、郡市長（あるいは町村長）を経由して留守師団司令部に願い出ることとされ（第三条）、遺族は留守師団司令部か所属部隊に関係する補充隊、あるいは遺族が居住する役所・役場などにおいて遺骨を受け取ることが定められた（第四条）。

遺骨の交付にあたって第九師団では「遺骨分配追弔《ついちょう》法会」が挙行された。これは「多数ノ英霊ニ対シ一片敬弔ノ意ヲ表スルナク直チニ交付スルカ如キハ実ニ忍ヒサル所」であるとの意識から留守師団長・沖原光孚《おきはらこうふ》中将の発意で開始されたもので、一九〇四年一一月から一九〇五年一一月まで八回にわたって行われた。会場はおもに金沢の大谷廟所《びょうしょ》が使用され、遺族や留守師団長以下の軍関係者、県知事以下の自治体役人など数百人から千人余りが参加した。「追弔法会」は来賓による弔辞、各宗派の僧侶による読経、参列者による焼香といった順で盛大に行われ、終了後に遺族に対して遺骨が引き渡された。

満洲の納骨堂

こうして戦没者の遺骨は戦場から遺族のもとへ届けられたが、戦場に仮埋葬された遺体のなかには、現地民に暴かれるなどの被害に遭うものも少なくなかった。遺体の仮埋葬地等に関しては、一九〇五年一二月に締結された「満洲に関する日清条約」の附属協定において、「清国政府ハ、満洲ニ於ケル日本軍戦死者ノ墳墓及忠魂碑所在地ヲ完全ニ保護スル為、総テ必要ノ処置ヲ執ルヘキコトヲ約ス」（第五条）

表4　満洲の納骨堂

場所	起工	竣工	納骨数			塔碑名
			(将校)	(準士官以下)	合計	
奉天	1905年10月21日	1906年7月5日	733	22,115	22,848	忠魂碑
旅順	1905年11月1日	1908年3月1日	635	18,305	18,940	表忠塔
遼陽	1907年9月7日	1907年10月30日	233	13,801	14,034	忠魂碑
大連	1908年9月4日	1909年7月15日	74	4,729	4,803	表忠碑
安東	1909年12月1日	1910年6月30日	103	1,076	1,179	表忠碑

関東都督府陸軍部「納骨堂建設ノ由来」（1911年3月）より作成.

と規定され、清国側が保護責任を負うものとされた。しかし、日露戦争終結から四年後の一九〇九年七月に在奉天《ほうてん》小池《こいけ》張《ちょう》造《ぞう》総領事から小村寿太郎《こむらじゅたろう》外相に宛てた報告によると、現地ではまだ戦没地点に仮埋葬されたままの遺体が少なくなく、原住民がこれを発掘して遺物を横領し、また遺骨を牛馬骨に混入して骨粉の原料として売却する者がいるなど「頗《すこぶ》る惨状を極め居る趣」であるとして、清国による取締りと仮埋葬遺体の早期収容をうったえている（在奉天小池総領事より小村外相宛公信公第二九〇号、七月二三日付）。

　他方、日露戦争の主たる戦場となった旅順・大連《だいれん》・遼《りょう》陽《よう》・奉天・安東《あんとう》には戦没者の火葬後の残灰を納める施設として相次いで納骨堂が建設された（表4）。そのうちもっとも早い段階で着工された旅順と奉天の事情に関して石川県知事は、郡市長に対して一九〇五年一一月一四日付で次のような通牒を発している。

　大島第九師団長ヨリ来信中ノ一節ニ依レハ、戦地ニ在ル戦死病歿者ノ残灰ハ旅順附近、戦闘ノ分ハ白玉山《はくぎよくさん》上ニ、奉天開戦以後ノ分ハ奉天ニ合理シ、尊崇《そんすう》不滅ノ標示ヲ設クル事ト相成其工事ニ着手中ノ趣ニ有之候事、固ヨリ当然ノ如クニハ候へ共、右ハ全ク同将軍カ平素部下ニ対スル慈愛心ノ表現ニ外ナラサル次第ニ有之、遺族ヲシテ之ヲ聞カシメハ其慰藉《いしや》上ノ裨益《ひえき》鮮ナカラサル義ト存候間、便宜適当ノ方法ニ依リ右之趣御部下各位へ被申聞相互ニ伝ヘテ遺族全般ノ耳へ徹底候様御配意相煩度此段得貴意候（『明治三十七八年石川県戦時紀』）。

すなわち旅順と奉天の納骨堂は、戦地の「残灰」を集めて「尊崇不滅ノ標示」をすることを目的に建設されるものであるが、それは師団長（大島久直《おおしまひさなお》中将）の「慈愛心ノ表現」にほかならず、遺族を慰める上で裨益するところが少なくないので、遺族の耳に届くよう徹底すべしというのである。ここからは、国内に到着した遺骨を盛大に出迎えることはもちろん、火葬後の残灰すら現地で手厚く葬っていることを遺族へ示す必要があったことがうかがわれる。

日露戦争における日本人戦没者は全体で約九万人にものぼり、日中戦争以前の日本が経験した対外戦争としては最大の戦没者を出すこととなった。また、日清戦争時とは異なり、国内には反戦・厭戦気運も少なからず蔓延しており、遺族に対する配慮という観点からも、軍や政府は戦没者処理にいっそう心を砕く必要があったといえよう。

五つの納骨堂が完成した直後の一九一一年に関東都督府陸軍部（関東軍の前身。一九〇六年新設）が記した「納骨堂建設ノ由来」という一文をみてみよう。

　明治三十七八年戦役ハ実ニ曠古《こうこ》ノ丕績《ひせき》ニシテ無前ノ偉烈ナリ、而シテ軍人軍属ノ戦死若クハ病没シタルモノ亦数万人当時尽ク荼毘ニ付シ之ヲ各衛戍地ニ帰瘞《きえい》セシモ猶灰燼ノ残存セルアリ、茲ニ之ヲ収拾シ旅順大連遼陽奉天安東ノ五処ニ於テ地ヲ相シ堂ヲ建テ、以テ忠魂毅魄《きはく》ヲ慰メ且ツ戦功ヲ無窮《むきゅう》ニ伝フ、ソノ合祀《ごうし》人名ハ別ニ簿冊ヲ作リ之ヲ各堂中ニ蔵置ス。

この文章にもみられるように、満洲に建設された納骨堂は単に残灰を納めるだけではなく、「忠魂毅魄ヲ慰メ且ツ戦功ヲ無窮ニ伝フ」といういわば「慰霊碑」と「戦勝記念碑」としての性格もあわせ持つものであった。ゆえに納骨堂はいずれも非常に立派な造りをしており、その多くは「表忠碑」（大連）や「忠魂碑」（奉天）といった塔碑型の建造物をともなった（図2）。なかでも日露戦争でもっとも多くの犠牲者を出した旅順には、納骨堂の完成後、第三軍司令官の乃木希典陸軍大将と連合艦隊司令長官の東郷平八郎《とうごうへいはちろう》海軍大将の発議により、白玉山の頂上に巨大な「表忠塔」が建設された（一九〇九年一一月完成）（図3）。そして一九三〇年代になると大連・奉天・遼陽の納骨堂付近にいっそう巨大な塔が新たに建設されることになる（図4）。これらは満洲における「忠霊塔」の起源とされ、

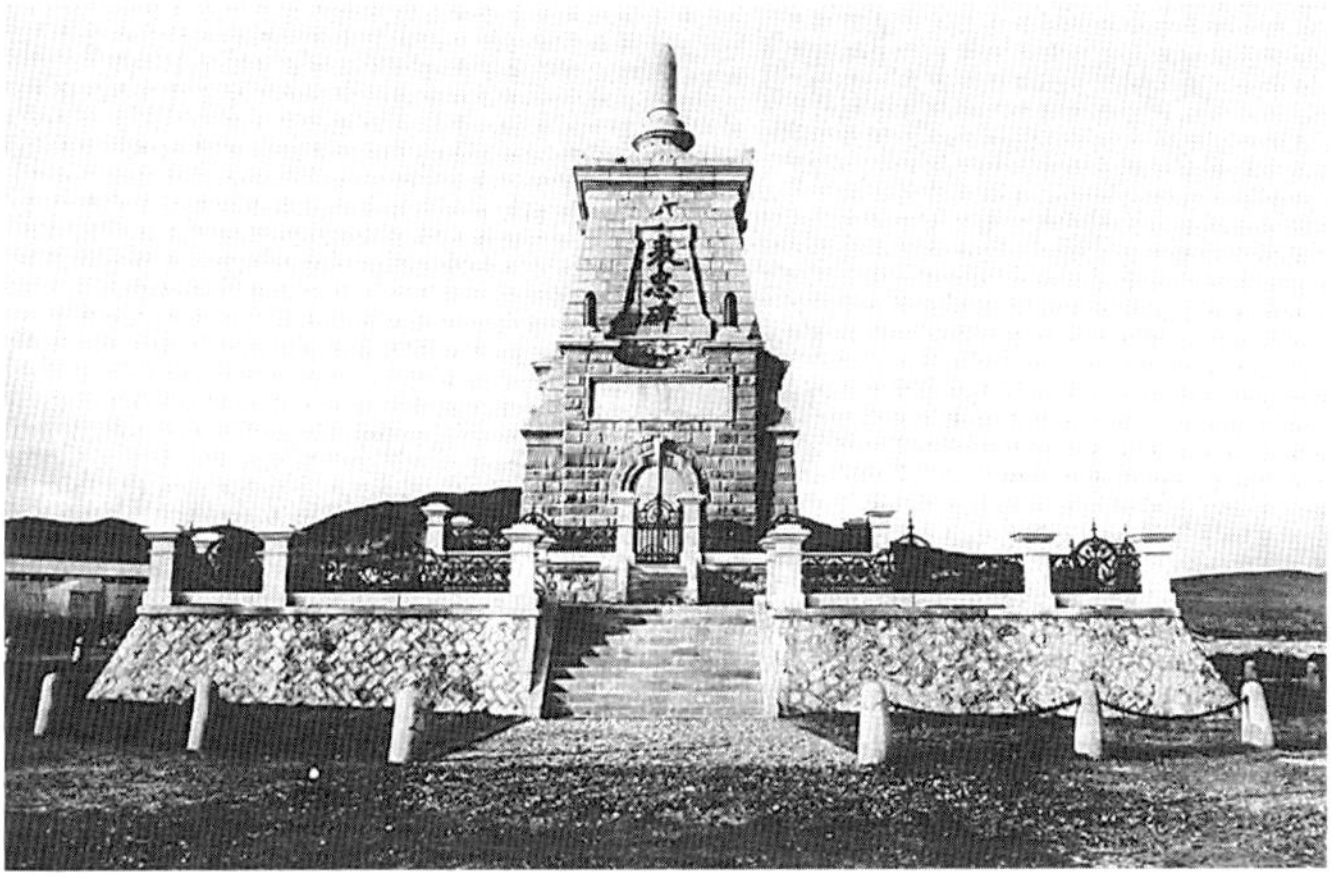

図2-1　大連の納骨堂（関東都督府陸軍部「納骨堂建設ノ由来」，国立国会図書館所蔵）

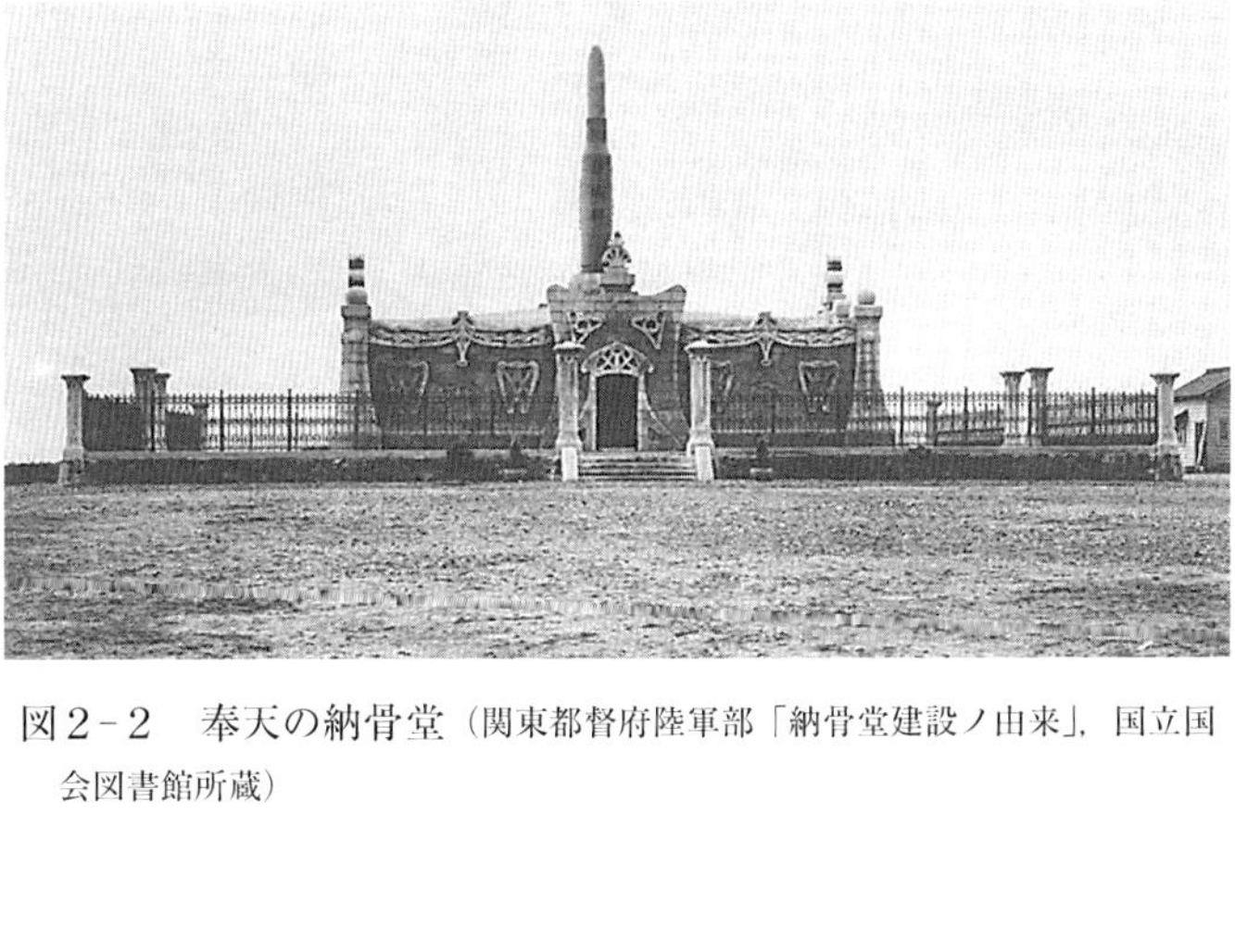

図2-2　奉天の納骨堂（関東都督府陸軍部「納骨堂建設ノ由来」，国立国会図書館所蔵）

図３　旅順の表忠塔（絵葉書）

以後、納骨堂施設をともなう塔碑型の建造物の総称として特に「忠霊塔」という語句が使用されることとなった。

「戦場掃除」のマニュアル化

日清・日露戦争を通じて確立した「戦場掃除」と「内地還送」の二大原則は、戦前期を通じてその後も継承された。

「戦場掃除」については、陸軍が第一次世界大戦後に制定した「陣中要

図4-1　大連の忠霊塔（所有者：辻子 実，提供：神奈川大学非文字資料研究センター）

図4-2　奉天の忠霊塔（所有者：辻子 実，提供：神奈川大学非文字資料研究センター）

務令　第十篇」（一九二四年八月）でマニュアル化され、日中戦争時にはこれを改訂してより精緻な内容の「作戦要務令　第三部　第五篇」（一九三九年一〇月）が作成された。この作戦要務令では、「戦場掃除」の目的について「戦闘後戦線ノ近傍ヲ捜索シ、死傷者ニ対シ速カニ適当ナル処置ヲ行ヒ、併セテ死傷馬ノ収容、情報収集、無頼者ノ掠奪防止、残置又ハ遺棄物ノ収集等ヲ行フ」ことと定めている。

また、具体的な作業については、当該戦場で戦闘を行った軍や師団などの上級部隊が「戦場掃除班」を編成して行うことが原則とされ、特に「死者の処置の為」にできるだけ実際に戦闘を行った部隊から所要の人員を参加させることが「緊要」であるとされた。すなわち、死者はできるだけ身近な戦友の手によって処理されることが望まれたのである。そして死者に対しては、その氏名・身分・階級・所属部隊などの情報をできるだけ調査し、死亡原因・地点・日時などを明らかにして火葬することを定め、遺骨や遺髪、遺品をひとまとめにして所属部隊が所在する国内の留守部隊へ送ることとされた。その他に、敵国軍の戦傷没者に対する処理についても注意が払われるとともに、軍用馬が死傷した場合における処置についても盛り込まれていることが作戦要務令の特徴的な点である。

事変・戦争ごとの「内地還送」規定

一方、「内地還送」、すなわち戦没者の遺骨の国内送還についても事変や戦争ごとに規定が設けられた。

一九三一年九月に満洲事変《まんしゅうじへん》が勃発すると、関東軍司令部は「満洲事変戦死者遺骨還送規定」（一九三一年一二月五日、三二年二月六日改正）を制定して各部隊に通牒した。この規定によると、満洲事変における戦没者の遺骨は師団司令部やその他の部隊司令部によって取りまとめられ、原則として月二回、大連発の定期船で本土へ送還された。遺骨送還の要員として「宰領者《さいりょうしゃ》」が付されたが、その人員は「成ルヘク之ヲ節約」することとされていた。

また、前線部隊においても個別に遺骨の取扱い要領を定めていたことが確認できる。熱《ねっ》河作戦《かさくせん》などに参加した第八師団（衛戍地・弘前《ひろさき》）では「派遣地ニ於ケル戦病死者及遺骨取扱要領」（一九三二年五月九日）を定めて、同師団に所属する各中隊等へ配布した。それによると、遺体収容後は遺髪・遺留品を別に取りまとめてから火葬し、その後、本土送還までの間に各部隊で告別式を挙行した。また、火葬後の残灰の取扱いについては、関東軍司令部が定めた次の通牒に拠るものとされた。

満洲事変ノ為殉難セル将兵ノ遺骨ハ夫々郷里ニ送還シ埋葬其ノ所ヲ得シモ、其ノ残灰ニシテ尚戦場ニ埋葬セラレアルモノハ将来ノ保管祭祀等不可能ニ付、此際各所属部隊ニ於テ蒐集（若シ遠隔セル部隊ハ其ノ附近駐屯部隊ニ依托発掘スル等）シ別紙納骨規定ニ依リ処理セラレタシ、尚陣歿者ニシテ遺骨（残灰）ノ一片モ残ササルモノモ其ノ忠霊ヲ奉祀スヘキニ付陣歿者名簿中ニ加ヘ相成度（関東軍参謀長保第一号「遺骨（灰）納骨ニ関スル件通牒」一九三二年二月八日）。

この通牒に出てくる「別紙納骨規定」とは、日露戦争後の一九〇七年一一月、満洲に納骨堂を建設するにともない制定された規定で、その後大正期に改正されたものである。同規定により満洲の五か所（旅順・大連・遼陽・奉天・安東）の納骨堂は「火葬ニ附シ内地ニ送葬シタル後尚若干残ル所ノ残灰ヲ納ムル所」として位置づけられ、日露戦争以降においても満洲地域で生じた戦没者の遺灰が納められることとなったのである。

「内地還送」に関する規定は、一九三七年七月に勃発した日中戦争時にも制定されたが、その内容は満洲事変時とほぼ同様のものであった。たとえば、支那派遣軍総司令部が上海を中心とする華中方面の派遣部隊を対象に制定した「中支那ニ於ケル戦病死者遺骨還送規定」（一九三九年一一月二五日）では、戦没者の遺骨は原則としてひとまず上海兵站司令部において取りまとめられ、陸軍輸送船により宇品《うじな》の第一船舶輸送司令部（戦時における陸軍の船舶輸送を担当）を経由して関係留守師団司令部に送られることになっていた。

戦地から到着した遺骨は、陸軍運輸部により列車で留守部隊の所在地へと運ばれたが、満洲事変以降に制定された各規定では、列車通過の際の出迎えや遺骨到着後の運搬を想定して、遺骨を発送する現地部隊に対して事前に詳細な輸送計画を提出することを求めていた。これにより、遺骨の輸送は軍の機密に抵触しない範囲で各自治体に通知され、それが在郷軍人会や青年団、遺家族たちに伝えられたのである。こうして一九三〇年代には、帰還した遺骨を熱心に出迎える情景が日本各地でみられるようになった。

遺骨を出迎える情景

『昭和万葉集』では一九三一年から一九三三年を扱った第一巻において「遺骨を迎える」との項目を初めて設定し、そうした情景を詠んだ和歌が次のものをはじめとして一五首掲載されている。

　百八体の遺骨迎へむと駅にあふれし人々は雪に埋れて身ゆるぎもせぬ

　　　　　　　　　　　　石光ヨシ（『アララギ』一九三二年二月）

　戦死者の遺骨乗せたる汽車入りてプラットホームに念仏おこる

　　　　　　　　　　　　白幡正吉（『アララギ』一九三二年六月）

遺骨を出迎える熱心さは、夜間や早朝に列車が駅を通過する場合にもみられた。

　二百六十勇士の遺骨この夜更通るときさて駅に急ぎぬ

朝まだきこの駅を通る戦死者の遺骨迎ふとわれは来りし

松田寅重（『アララギ』一九三二年五月）

室田杏浪（『アララギ』一九三三年四月）

家族や親族ではなく、ムラの英雄でもない戦没者の遺骨を乗せた列車に対して深夜・早朝を問わず賑々しく出迎え、また近くを通過するだけで脱帽して頭を垂れるという現象は、次第に過熱さを帯びるようになっていった。こうした状況に対して陸軍は一九三九年一月、陸軍省副官名で夜間（午後一〇時から翌朝六時まで）における出迎えは旅行者の負担になるので自粛すべき旨の通牒を出している（陸支普第一七四号「遺骨、還送患者、帰還将兵等夜間通過駅ニ於ケル送迎ニ関スル件陸軍一般へ通牒」一九三九年一月二〇日）。

他方、南京《ナンキン》陥落後の一九三七年一二月下旬、陸軍は遺骨を輸送する列車の両側窓ガラスに月桂樹に星を印した「事変死歿者英霊」の標識を表示することを決めた（図5）。「英霊」という用語はおもに靖国神社に合祀《ごうし》された戦没者の霊魂を指して使用され、日露戦争以降に多用されることで戦前の日本社会に浸透していたが、戦没者の「遺骨」に対しても「英霊」と呼称することが定着するようになったのは、おそらくこの標識がきっかけになったのではないかと考えられる。これはすなわち、「遺骨の英霊化」ともいうべき現象であった。『昭和万葉集』においても第四巻（一九三七～一九三九）から第七巻（一九四五～

一九四七）にかけて、それまでの「遺骨を迎える」に代えて「英霊還る」との項目を設定している。

　ひた走る英霊列車も野の川を渡らむとして笛を鳴らしぬ

福田栄一（『短歌研究』一九二九年八月）

　ただし、厳密にいえば必ずしも実体ある「遺骨」そのものを「英霊」と呼んでいたわけではなかった。帰還した遺骨は白木の箱に納められていたが、その中に本物の遺骨が入っているかどうかはわからなかった。したがって人々は、戦地から送られてきた「遺骨箱」を「英霊」とみなして、それを運搬する車両を「英霊列車」と呼び、盛大に出迎え、頭を垂れていたのである。もちろん、遺骨箱に本物の遺骨が入っている場合には、そこに矛盾はなかった。しかし「遺骨箱」を「英霊」と読み替える「遺骨の英霊化」現象は、やがてその中身が石ころや砂の「空の遺骨箱」であってもそれを「英霊」として迎えるという、軍部が強制したフィクションを人々が

図５　列車に表示された「英霊」の標識（毎日新聞社提供）

受け入れる心理的な素地となったと考えられる。

そして実際、一九三七年七月の盧溝橋事件《ろこうきょうじけん》から始まる日中戦争や、ソ連との間に勃発した張鼓峰《ちょうこほう》事件（一九三八年）・ノモンハン事件（一九三九年）を経験する過程で軍部と政府は、次第に「戦場掃除」と「内地還送」という戦没者処理の二大原則を維持することが困難な状況となりつつあることを認識するようになったと考えられる。

たとえ遺骨が還らずとも

その一端を示すものとして挙げられるのは、一九四一年一月八日に制定された「戦陣訓」である。「生きて虜囚の辱《はずかしめ》を受けず」とのフレーズで知られる「戦陣訓」は、日中戦争下における軍人の行動規範を示すものとして東条英機《とうじょうひでき》陸相名で全軍に示達された訓令であるが、この中の「本訓　其の三　第二　戦陣の嗜《たしなみ》」には次のような一節がみられる。

屍ヲ戦野ニ曝《さら》スハ固ヨリ軍人ノ覚悟ナリ。縦《たと》ヒ遺骨ノ還ラザルコトアルモ、敢テ意トセザル様予テ家人ニ含メ置クベシ。

この一節が意味するところについて東条陸相は、当時、次のように述べている。

（「戦陣の嗜」の文言は）近代戦の特質に応じたものだ、敵中深く突入する飛行部隊はもとより益々激化を予想される今後の機械化部隊の戦闘に於ては遺骨で凱旋《がいせん》出来ないことも覚悟せねばならん（『朝日新聞』一九四一年一月八日付）。

東条陸相がこう述べたとき、その念頭にあったのは、当時戦闘が慢性化していた日中戦争よりも、むしろ満洲国とソ連との国境をめぐって日ソ両軍が衝突した張鼓峰事件とノモンハン事件の方であったと思われる。ソ連軍の圧倒的な機械化部隊と対峙し、初めて日本が「近代戦の洗礼」を受けたと評される張鼓峰事件での死者は五二六人であった（実質的な戦闘は一九三八年七月二九日〜八月一一日）。このうち、八月七日の戦闘では一四〇名の戦死者を出し、夜になって連隊長は死傷者の収容を急いだがソ連との戦闘を継続中のためその余裕はなく、重傷者だけの収容をもって満足しなければならなかったとの記録が残っている（防衛庁防衛研修所戦史室『戦史叢書　関東軍〈1〉対ソ戦備・ノモンハン事件』一九六九）。そして停戦後の八月一三日には日ソ両軍が収容した戦死者の遺体の交換が行われたが、最終的に収容できなかった遺体の正確な数は不明である。

一方、ノモンハン事件での死者は約八〇〇〇人にものぼり、九月一六日の停戦合意後、日ソ両国は九月二四日から三〇日にかけて戦場掃除を行った。日本側は四三八六体を収容したところで打ち切りとなり、約三五〇〇人が未収容のままとなった。これは実に全戦没者の約四割強にあたる計算である。これだけ多くの戦没者の遺体が収容されず、遺骨として国内へ、そして遺族のもとへ帰還しないという事例は、およそ近代以降の日本において初めての経験であったと思われる。

事件から間もない一〇月三日、陸軍当局は地方長官会議においてノモンハン事件について、「我が軍の損害は、死傷及び戦病者を加えて約一万八千名である」として日本側の損害を明らかにするとともに、「近代科学の粋を尽くした本事件の経験は、軍の精神的訓練の重要性はもとより、軍の機械化等物質的戦備の充実がいかに近代戦闘に於いて重大なる意義を有するかをいよいよ痛切に訓《おし》えたもの」であったと説明している（『朝日新聞』一九三九年一〇月四日付夕刊）。「近代戦」に対する意識の変化が如実に表れたこの軍部当局による説明は、「戦陣訓」の文言とともに、戦没者が還らない時代の到来を予感させるものであった。

なお、ノモンハン事件において未収容のままになっていた遺体・遺骨の発掘送還作業についてモンゴル政府の許可が下りたのは、実に二〇〇四年になってからのことである。

「英霊」の帰還というフィクション

一九四一年一二月に太平洋戦争が開戦すると、戦場は中国大陸から南方（東南アジアおよび太平洋諸島）へと一気に拡大した。緒戦の勝利に日本軍は勢いづいたが、反面、当初より犠牲者も少なくなかった。しかし、たとえ犠牲者が多くとも、開戦当初は戦勝によって「戦場掃除」と「内地還送」の原則が維持され、遺族に対する軍の面目は保たれていたといえる。従来と同様、各部隊では遺骨の内地還送に関する規則が制定され、国内に送還された遺骨は盛大に出迎えられて葬儀が行われた。ソロモン諸島方面の作戦を担当した第一七軍（司令官・百武晴吉《ひゃくたけはるよし》中将）では「大東亜戦争戦（病）死者遺骨還送規定」（一九四二年七月一五日）が定められたが、全二三条からなるこの規定はすでにみた満洲事変や日中戦争の規定を踏襲しつつ、さらに具体的かつ詳細にしたものであった。

しかし、まさにその第一七軍隷下《れいか》の部隊が主力となり約半年にわたる米軍との激しい戦闘の末に二万人以上の戦死者を出したガダルカナル戦の敗北（一九四三年二月撤退）を転換点として、南方戦域を中心に、日清戦争以降、近代日本が築いてきた「戦場掃除」と「内地還送」の二大原則は崩壊の一途をたどることとなった。すなわち、敗北と撤退、そして「玉砕」と称される部隊の全滅状態により、もはや「戦場掃除」が実施不可能となり、それにともなって「内地還送」も実施し得ない状況に陥ったのである。

ガダルカナル戦において壊滅状態に陥った第二師団指揮下の第二九連隊（編成地・会津若松）の大島護連隊長は、撤退作戦完了後に慰霊祭が行われた一九四三年三月四日付で「留魂袋趣意書」（四条紫雷『ガ島に死すまで』一九九六）を記してその時の状況を次のように説明している。

作戦の急速な推移により遺体を収容する余裕がなく、また敵部隊（米軍）の絶対制空下にあって、遺体を火葬すると必ず発見されて徹底的な銃爆撃や艦砲射撃を蒙《こうむ》るような状況で、「遺骨ノ収容ハ全ク不可能ニ近ク、又縦ヒ遺骨遺髪ヲ収容シ得タルト謂モ最後迄奉持シタルモノハ極メテ稀」であった。特に撤退作戦にあたっては、作戦上将兵に対して「撤退」であることを告知しなかったため、「将校以下ハ最後ノ血戦ニ上官戦友部下遺骨遺髪ト共ニ血ノ一滴ヲ竭《つく》サント勇ミ立チテ戦場ニ赴キ、彼カ新手ノ敵陸兵ノ猛攻ニ対シ血戦ニ次ク血戦ヲ敢行シ、之カ為捧持スル遺骨遺髪ト共ニ粉砕セラレ収容セラレサリシモノ相当多数ナリ」。

このように、遺骨も遺髪も還らない状況を率直に示した上で、「趣意書」はその核心部分に触れている。

英霊ヨ恕《ゆる》シ給フヤ、即チ波音淙々《そうそう》タル「ガ」島海浜ノ真砂ヲ掬《すく》ヒ以テ招魂ヲ願フ次第ナリ。冀《ねが》ハクハ英霊天降リシテ此ノ珊瑚礁美シキ浜ノ真砂ニ籠リ給ヘ、我等ハ捧シテ故郷ノ父母ニ見参シ奉ラン。

すなわち、ガダルカナル島の海浜の砂に戦没者の魂を込め、それを遺骨や遺髪の代わりとして故郷の父母（遺族）のもとへ届けるというのである。「留魂袋趣意書」の「留魂袋」とはまさに戦没者の魂を込めた砂（「留魂砂」と称された）を入れた袋のことであり、これは「趣意書」とともに白木の遺骨箱に納められて同年七月、会津若松に「帰還」した。遺骨のみならず遺髪すらも収容できないという状況は、戦友の骨を拾うことが慰めとな

図6　ガダルカナルからの遺骨帰還（毎日新聞社提供）

っていた日本軍兵士にとって最大の痛恨事であり、その無念さは「留魂袋趣意書」全体を通じて貫かれている。「趣意書」はこう締めくくられている。

> 之ヲ披見セラルル御遺族ヲ思フ時、涙潜然トシテ禁スルヲ得ス。願ハクハ我等戦友一同ノ胸中ヲ諒トセラレン事ヲ。

こうして、実際には遺骨が納められておらず、代わりに「砂」の入ったいわゆる「空の遺骨箱」が大量に遺族のもとへ届けられることとなった（図6）。

遺骨の代わりに「砂」を送った現地部隊の心境は上記のとおりであるが、「砂」を受け入れて遺族と直接向き合う必要があった軍中央の側においても、遺骨が還らない状況を正当化する論理を考える必要が生じた。一九四三年六月、富永恭次《とみながきょうじ》陸軍次官が遺骨還送業務に関して次のような口演を行ったとの記録が残っている。

作戦ノ特質上遺骨ハ必スシモ還ラサルモノアランモ英霊ハ必ス還ルヘク、此英霊ヲ先ツ原隊ニ還送シタル上夫々遺族ニ交付セラルルモノナリ。故ニ此ノ箱内ニハ遺骨アリト考フルヨリハ、英霊ヲ収メ参ラセシモノナリトノ観念ヲ十分遺族ニ理解セシムルノ要アリ（「ガ島作戦参加部隊ノ遺骨還送業務ニ関スル陸軍次官口演要旨」一九四三年六月）。

この「英霊ハ必ス還ル」という考え方はこの時期から次第に強調されるようになったと考えられる。「遺骨の英霊化」現象についてはすでにみたとおりであるが、本物の遺骨が還らない状況においては、遺骨箱の中身が何であれ、それを「英霊」とみなして遺族のもとへ「帰す」というフィクションを構築することが、「戦場掃除」と「内地還送」という二大原則を維持し、遺族を納得させるための最終手段であったと考えられる。そしてその結果、波平恵美子氏が的確に指摘するように、遺髪や戦場の土・砂（留魂砂）・霊璽《れいじ》等を遺骨と読み替え、「空の遺骨箱」の受け取りを軍が遺族に強いる状況が生じることとなったのである（『日本人の死のかたち』）。

こうした状況は、戦争末期には常態化していた。一九四四年三月に編成され、沖縄戦を戦うことになる第三二軍の「第三十二軍戦（傷病）死者遺骨還送規定」（球副庶甲第四〇号、一九四四年七月一日）では、「遺骨無キ場合等ハ告別式ニ用ヒタル位牌《いはい》或ハ之ヲ焼キタル灰又ハ現地ノ土砂等ヲ以テ代フルモノトス」（第一四条）として、制定当初から遺骨が収容できない状況を想定した規定が盛り込まれていた。こうした規定は、それ以前の時期に確認することはできない。

また、戦争末期に膨れ上がった国内における留守業務の効率化を図るために一九四四年一一月に陸軍が制定した「留守業務規程」（陸亜普第一四三五号、一九四四年一一月三〇日調製、一九四五年一月一日施行）では、「外地部隊ハ遺骨ヲ収容シ得サル場合ハ遺留品又ハ記念ト為ルヘキ物ヲ以テ遺骨ニ代ヘ収納スルコトヲ得」（第一九条）との規定が設けられた。こうして戦局の悪化とともに、遺族のもとへ「空の遺骨箱」が届けられ、戦時下にあって遺族はそれに納得せざるを得ない状況に追い込まれることになったのである。

もはや、大日本帝国の崩壊に先立って、戦没者処理をめぐる二大原則が崩壊していたことは明白であり、軍部や政府は「英霊」の帰還というフィクションを強制することでかろうじて国民をつなぎとめていたといえる。

終戦処理と海外戦没者

終戦と海外部隊

終戦時、日本軍が国内外に展開していた総兵力数は、陸海軍あわせて約七八九万四〇〇〇人（陸軍＝約五四七万三〇〇〇人、海軍＝約二四二万一〇〇〇人）であり、このうち中国大陸、東南アジア、太平洋諸島など日本本土以外に所在していた陸海軍の軍人・軍属は約三五三万四〇〇〇人（陸軍＝約三〇八万五〇〇〇人、海軍＝約四四万九〇〇〇人）で、全兵力の約四五％を占めていた。

敗戦にともない連合国軍によって収容されたこれらの海外部隊は、連合国軍最高司令官（SCAP）一般命令第一号（一九四五年九月二日）で示された地域区分にしたがってそれぞれ降伏文書に調印し、日本軍隊の武装解除と復員を規定したポツダム宣言（第九項）に基づいて日本本土へ帰還した。終戦時、本土に所在していた国内部隊が一九四五年一一月までの間に急速に復員を完了したのに対し、海外部隊の復員がおおむね完了したのは、シベリア抑留や中国における留用などで帰還が大幅に遅れた者を除いて、およそ一九四八年末のことであった。

この間、日本国内では陸海軍が解体され、連合国の占領政策によって急速に非軍事化・民主化が進められたが、復員を待つ海外部隊は多くの場合、秩序維持のために軍隊としての建制《けんせい》が維持されていた。海外部隊における最上級部隊（総軍）であった支那派遣軍（中国大陸方面）と南方軍（東南アジア方面）の総司令部は、規模を縮小しつつもその機能を存続させ、復員完結まで軍隊組織と指揮官の権限が維持された。

一九四七年五月に日本国憲法が施行されると、法令上、日本において軍隊や軍人・軍属の存在が許されない状況となり、未帰還の海外部隊に所属する者は便宜的に「未復員者」という身分が与えられ、「公務員に準ずる取扱」を受けることとなった。しかし実態としてマッカーサー最高司令官は同年四月、連合国に対して「新憲法に依る日本軍解消命令の総ては海外日本軍に適用せざる旨」および「海外日本軍に所属の日本軍将校は従来同様の権限を引続き使行す」る旨を通告し、これを受けて木下《きのした》敏《はやし》（南方軍総司令官代理）は次のような「南方軍命令」を発出した。

総軍直轄各司令（長）官及各部隊（班）長は統帥権並刑懲罰権の行使に関し、五月三日以降と雖も従来と毫末《ごうまつ》も変化なきマックアーサー元帥指令の本旨を指揮下全員に徹底せしめ、以て日本軍の最後を飾るへし（南総命甲第二六号、一九四七年四月一五日付）。

このように、終戦後のある時期まで、日本国内では否定されたはずの軍隊や軍人が海外では擬似的に存在するという奇妙な状態が生じていた。本土への帰還を待つ間、連合国軍によって収容された彼らの多くは、厳しい労役を強いられるなど苛酷な状況におかれたが、復員にともなって、終戦時に保管していた少なくない数の遺骨や遺留品が本土へ持ち帰られることとなった。

遺骨・遺留品の帰還を優先

復員時における遺骨や遺留品の取扱いについて陸軍はまず、「外地部隊留守業務処理要領」（陸普第一八八〇号、一九四五年九月二三日）を制定して海外部隊に通達した。同要領では遺骨や遺留品について「宰領者ヲ附シ成ルヘク速ニ還送スルモノ」としており、現地部隊でもこれに対応して「支那派遣軍復員規定」（総参一第一五三〇号、一九四五年一〇月二六日）や「南方軍復員に関する規程」（威参復第一号、一九四五年一一月二二日）などを定めて処理を行った。遺骨・遺留品の送還が優先事項とされた理由について「支那派遣軍復員本部」が作成した業務参考資料は、遺骨の送還は国内における慰霊祭の挙行や死亡賜金の支給時期に影響するなど「遺族ノ形而上下ニ亘リ関係大ナル」ことを挙げている（支那派遣軍復員本部「復員業務ノ参考（其ノ一）」一九四五年一一月）。実際、中国大陸の湖南省衡陽《こうよう》で終戦を迎えた第二〇軍（司令官・坂西一良《ばんざいいちろう》中将）では、兵団ごとに選出された「遺骨捧持帰還部隊」が兵站病院の入院患者などとともに早期優先的に帰還したとの記録が残っている（石母田武「第二十軍復員史資料」一九五五）。

　また、護送担当者である「宰領者」は遺骨とともに優先的に帰国することができたため、戦犯容疑者がその任にあたる場合もあった。武漢《ぶかん》方面に駐留していた第六方面軍（司令官・岡部直三郎《おかべなおざぶろう》大将）では、終戦時に安全な場所に奉安されていた約二万柱の遺骨が、正式な復員輸送の開始に先立って便船を利用して極力速やかに国内へ送還されるように措置された。同方面軍参謀長の中山貞武《なかやまさだたけ》によれば、遺骨を納めた新しい行李《こうり》一つに対し一兵を、一〇行李に一下士官を、五〇行李に一将校を充当する基準で宰領者を配したが、宰領者には各兵団とも自然と戦犯容疑者が選ばれるのが実情であったという。こうした状況について中山は後に、「蓋《けだ》し戦犯と称せられる者の不合理性に対する無言の抗議の現はれ」であったと記している（中山貞武「第六方面軍復員資料」一九五五）。

「復員留守業務規程」

復員・引揚げが一層本格化しつつあった一九四六年四月、「復員留守業務規程」（一復第七四四号、一九四六年四月一五日）が制定された。これは戦争末期に制定された「留守業務規程」を終戦後の実情に即したかたちで改定したものである。この新規程は、一九五一年三月に「復員業務規程」（引揚援護庁訓第一号、一九五一年三月五日調製、四月一日施行）が制定されるまで、復員留守業務の指針となった。

復員兵によって持ち帰られた遺骨について「復員留守業務規程」は、所属部隊や階級・氏名・本籍地等を付した適宜の箱（袋）に収納して、遺骨名簿とともに各引揚港に設置された上陸地支局長に引き渡すことを定めていた。その後は原則として、旧軍管区司令部の管轄を継承した「復員連絡局」を経て、戦没者の本籍地の「地方世話部」（旧連隊区司令部を継承して設置。新憲法および地方自治法施行の一九四七年五月三日以降は各地方自治体の民生局〈部〉世話課等に改編）か、留守担当者（遺族等）の住所が判明している場合には同住所所管の地方世話部に護送して確実に引き継ぐものとされた（第三八条）。

遺骨を受理した地方世話部では、縦横一五センチ、高さ一三センチを標準とする遺骨箱を調製して収納し、通常は慰霊祭を実施後、遺族に伝達するものとされた。また、遺骨や遺留品がない戦没者については「故陸軍（氏名）之霊」と記した霊璽を遺骨箱に収納することとしていた（第三八条）。慰霊祭に関しては、「厳粛荘重」な慰霊祭か、あるいは慰霊祭を省略して「遺骨伝達式」を行うことを規定しており、その実施は「克ク地方ノ実情ニ即応」するものとし、「神式、仏式等適宜ノ方法ニ拠リ英霊ヲ慰メ遺族ヲシテ衷心ヨリ満足セシムルニ遺憾ナカラシム」とされた（第四〇条）。

このように、「復員留守業務規程」が規定する遺骨処理の手続きは、戦時中の「留守業務規程」の流れを汲んだものであり、実際の業務を担う機関も旧軍の後継機関であった。また人的にも、武官としての身分を解除された旧軍人が文官となって復員業務を担う場合が多かった。そして、これらの業務を統括したのが元第一七方面軍司令官の上月良夫《こうつきよしお》（第一復員次官、厚生省復員局長等を歴任）や元陸軍省高級副官の美山要蔵《みやまようぞう》（第一復員局文書課長、復員業務部長、引揚援護局次長を歴任）といった旧軍のエリートたちであった。その意味では、遺骨処理を含む復員業務は制度的にも人的・機構的にも戦時の延長線上にあったといえる。さらに職員の心構えとして、留守業務を的確かつ迅速に処理し、軍人・軍属や遺族等の処遇に遺憾なからしめることは「実ニ皇軍有終ノ美ヲ済ス所以ノ道」（第三条）と明記するなど、精神面においても戦前・戦時との連続性をうかがわせるものであった。

GHQによる慰霊祭統制

終戦直後の日本において、占領政策が本格化するまでの間は戦没者慰霊をめぐる状況にさほどの変化はみられなかった。一九四五年一一月には、日本政府は連合国軍最高司令官総司令部（GHQ）の監視の下で靖国神社の臨時大招魂祭を実施した。また、国内各地でも県や市町村が主催する慰霊祭が挙行され、復員にともなう遺骨の帰還に際しては、戦時中と同様に盛大な出迎えや遺骨伝達式を行うところも少なくなかった。

しかし、一九四五年一二月の「神道指令」をはじめとするGHQによる一連の政教分離政策は、政府や地方公共団体による戦没者慰霊行為に対して厳しい制約を課すこととなり、それは遺骨帰還の光景にも変容をもたらした。GHQの担当部局である宗教課のバンス課長は一九四六年一月、政府やその関連機関、地方公共団体および公私立の学校における戦没者の葬儀や追悼式典等の開催を禁止し、私的機関に対しても施設使用を含む一切の援助を禁止することを日本政府に対して明言した（ウッダード『天皇と神道』一九八八）。

もっとも、GHQにおいても、戦没者に対する慰霊や顕彰行為が国家のしかるべき機能の一つであることを認識していた。したがって、占領軍が「偶像破壊運動を推進している」という印象」を避けるために、戦没者のための葬儀や記念碑に関する政策については「非公式かつ義務的な指導」のかたちで日本政府に求めることとしていた。

地方公共団体に対して「公葬その他の宗教的儀式および行事（慰霊祭、追弔会等）は、その対象の如何を問わず、今後挙行しないこと」を通達した内務・文部次官連名の各地方長官宛通牒「公葬等について」（発宗第五一号、一九四六年一一月一日）もGHQの「口頭」の指示に基づくものであった。これにより、市町村が主催する戦没者慰霊祭の開催や公職者による公的資格での出席、敬弔の表明は一切禁止された。戦没者の遺骨の輸送や保管、遺族への伝達に関しては、これは政府が行うものであるから「その取扱は礼を失せざるよう、敬虔に行うべき」であり、学校構内を除く「公共建物又は公共用地を使用するのは差支えない」としながらも、「伝達式に一般公衆が参列すること」は認められず、「軍国主義思想の宣伝鼓吹」とならぬようにと釘を刺された。

こうした政策は、恩給の停止をはじめとする遺家族援護措置の廃止などとともに、GHQによる厳しい非軍国主義化政策の一環として受け止められた。実際には「公葬等について」では、個人や民間団体が主催する戦没者の葬儀や儀式等の実施は「差支えない」としていたにもかかわらず、以後、国内における戦没者慰霊行事は概して低調となった。その状況は、戦没者の葬儀に公職者が個人の資格で参列することや、寺院・教会等の宗教施設を葬儀に使用することは差し支えないことなどについてのちに政府が改めて通達する必要に迫られるほどであった（発宗第一号「戦ぼつ者の葬儀等について」一九四九年六月六日）。

遺族に伝達されるまで

ここで復員によって持ち帰られた遺骨の本土上陸後における処理についてその具体的な流れを概観しておこう。

佐世保引揚援護局の『局史』（上巻、一九四九）によると、「宰領者」より受領した軍人・軍属の遺骨のうち陸軍関係のものは、府県別の棚に納めて一連番号を記入のうえ遺骨箱に収納した。そして一定の数に達するとそれらを白布に奉包し、「英霊車」

を編成して各地方の世話部や連絡局へ護送した。また、海軍関係については佐世保地方復員残務処理部（鎮守府《ちんじゅふ》の後継機関である地方復員局を一九四八年三月に改編）の葬祭係へと送付した。同局で取り扱った遺骨の数は、陸軍関係が四万一九〇六柱、海軍関係は四三六柱であった。

都道府県に到着してから遺族に伝達されるまでのプロセスについて新潟県の例をみてみると、地方世話部で受領した遺骨・遺留品は新潟市内の寺院（のちに世話部内の「英霊奉安室」）に安置して伝達の準備を整え、大部分は新たに遺骨箱をつくって収納した。当初、海軍関係のものは陸軍とは別に安置し慰霊祭を行っていたが、地方世話部が世話課となってからは陸軍と合同で遺骨伝達式を実施するようになった。慰霊祭と遺骨伝達式はセットで実施され、新潟市公会堂や白山国民学校、市立中学校などを会場としていた。「公葬等について」の通牒が発出されてからは宗教的行事をなくし、遺骨伝達式は単に遺骨を遺族に伝達するだけの儀式となったが、新潟県では県仏教会会長らの努力によって、県が行う遺骨伝達式に先立ち県仏教会主催による慰霊法要が営まれた。したがって新潟県に関しては、実質的に「公葬等について」が出されるより前の方式と異なるところがなかったという。同県における慰霊祭および遺骨伝達式の実施回数は一九四六・四七年が最も多く、一九五一年度までに一一二六回、約四万七〇〇〇余柱の遺骨が伝達された（新潟県民生部援護

課編『新潟県終戦処理の記録』一九七二)。

また茨城県の場合、終戦直後から数年間の伝達柱数が多い時期には戦没者の未亡人約一〇人を採用して毎日丁寧に遺骨箱が整えられた。遺骨の伝達は遺族の便宜を考慮して県内各地の寺院で行われ、式場までは特別につくられた遺骨護送箱に納めてトラックにより護送したが、たくさんの護送箱が闇物資と間違えられて警察官の取調べを受けることもあったという。伝達式に先立って茨城県遺族連合会主催による慰霊法要が行われ、導師が退場した後、遺骨伝達式が行われた。式では一同拝礼後ただちに遺骨が知事から遺族に手渡された(茨城県民生部世話課編『茨城県終戦処理史』一九七二)。

以上は軍人・軍属の遺骨処理の流れであるが、一般邦人の遺骨についてもみておこう。

海外から持ち帰られた一般邦人の遺骨の取扱いについては、当初、明確な規定がなかったため、各上陸地において個別の対応がとられた。一九四七年一〇月の舞鶴《まいづる》引揚援護局からの報告によると、遺骨を持ち帰った友人や知人が直接遺族への引渡しを希望する場合はその「好意にまかす」こととし、局による処理を希望した場合は、いったん寺院に安置して遺族に通知し、引き取りに来るのを待つか、村役場を通じて郵送した。遺骨を引き取る遺族等がいない場合には、同局において適当な日時を選び、同地の寺院に埋葬された。ただし、同局に遺骨の処理を依頼する者は、到着の一船に一件あるかないかの程度であったという（舞鶴引揚援護局外務省連絡班より芦田均外相宛「当地に於ける在外一般邦人遺骨遺留品等処理状況報告の件」一九四七年一〇月二五日）。また、一九四八年九月以降は「外地死没一般邦人遺骨取扱要領」が示達され、同要領に基づいて軍人・軍属に準じた処理がなされたとされる（舞鶴地方引揚援護局編『舞鶴地方引揚援護局史』一九六一）。

こうして復員兵などによって日本本土に「還ってきた」遺骨の総数は、一九五一年九月の時点で約五〇万柱にのぼった（『朝日新聞』一九五一年九月一〇日付）。

帰らぬ遺骨

しかし、復員兵とともに本土に「還ってきた」遺骨が、必ずしもすべて遺族のもとへ届けられたわけではなかった。その大きな要因としては、遺骨の送還に必要な戦没者の情報を記載した重要書類が戦時中に多数失われてしまったことを挙げることができる。また、一九四六年四月には、中国からの復員部隊が持ち帰った遺骨の安置場所が火災に遭い、保管していた約一万柱のうち約二〇〇〇柱が焼失するという事態も発生した。これらの遺骨を管理していた「支那派遣軍復員本部」では後日、焼け残った骨の一部を「分骨」として御詫状とともに遺族に送付し、同年一一月には近くの武蔵寺（福岡県筑紫野市）に供養塔を建てて除幕式を行った（図7）。

このように、終戦後の混乱の中で復員兵が持ち帰った遺骨の取扱いも混乱を極め、結果として氏名不詳や受取人不明などの理由により遺族のもとへ「帰らない」ケースも少なく

図7　武蔵寺の供養塔

なかった（図8）。とりわけ深刻だったのが、終戦後の国内における遺骨輸送の混乱であった。

「英霊列車」の例が示すように、戦前・戦時中において遺骨の鉄道輸送は陸軍運輸部によって特別に配慮されていた。しかし終戦後、六六〇万人にのぼる海外からの復員・引揚げの急速な進捗により全国で客車不足が生じ、一般客が貨物列車にすし詰めになって運送されることも少なくなかった。当時の状況について岩手地方世話部の担当者は、戦前・戦時中は二等車（現在のグリーン車）で護送された遺骨が終戦後は「座席の確保にも大変苦労」して貨物車等で輸送されるようになり、

図8　引き取り手のない遺骨
（復員庁，1946年）（毎日新聞社提供）

「英霊に対して申し訳ない気持」であったと回想している（岩手県編『岩手県戦後処理史』一九七二）。

こうした状況のなか、一九四六年一月二六日付の『朝日新聞』は、一九四五年一二月末の時点で「宙に迷う」遺骨が約三万一〇〇〇柱も確認されたと伝えている。この記事によれば、遺骨を持ち帰った戦友たちが遺骨箱を抱いて列車に乗ることは「交通地獄」のために「困難を極める」ので多くの者が上陸地支局に預けて行くのだが、支局でも輸送の方法がなく遺骨の箱は増える一方で、安置所に困って民間の寺院に預けてもすぐ一杯になったという。この「置き去り」にされた遺骨は、博多と鹿児島があわせて一万柱以上と最も多く、浦賀・大竹（広島県）・舞鶴にも相当数たまっており、ほかにも各都道府県の地方世話部までは移送されながらも戦災による留守宅不明や輸送途中の乱暴な取扱いのために名札がはがれて氏名不詳となった遺骨もあると報じている。

こうした状況に対して同記事は、「終戦後から遺骨に対する一般国民の態度は極度に無関心」になったとの復員課長の談話を載せている。この点に関しては、実際に遺骨輸送の任にあたった浦賀引揚援護局の『局史』も、「敗戦の現実」により「英霊」に対する一般国民の「敬弔の態度と鄭重な取扱ひ」が「跡形もなくな」ったことに係員は「漏なく慨嘆する所」であったとの所感を記している。

敗戦後、旧軍人や戦没者、遺族に対する国民の視線が戦前・戦時中とは一転して非常に厳しいものとなったことはよく知られている。歴史家のジョン・ダワーは、「非常に多数の元陸海軍人にとって最もショックだったのは、苦労して故国に帰った末に、まるで世間からのけ者のように扱われたこと」であったと指摘している（『敗北を抱きしめて』二〇〇一）。また、『ビルマの竪琴』の著者竹山道雄も、終戦直後の日本には「戦った人はたれもかれも一律に悪人である」といった風潮が蔓延し、「世間に戦死者の冥福を祈るような気持ちはなかった」と記している（『読売新聞』一九六四年八月二六日付夕刊）。当時の新聞には冷たい視線を浴びて帰還する戦友の遺骨について次のような投書が掲載されている。

国民の為に散つた戦友がその国民にかうも裏切られて淋しく我が家に帰るのであらうか。これでいゝのであらうか（『朝日新聞』一九四六年二月一五日付）。

確かにこうした風潮、国民の冷淡な態度が遺骨の行方に影響を与えたのかもしれない。

しかし、それ以上に問題であったのは、海外から優先的に送還されたはずの遺骨が輸送を担当する当局によっても「粗略な扱い」を受けていたという点である。

一九四六年八月四日付の『朝日新聞』は、「順調な復員に反比例して混乱」する「迷う遺骨」の問題を再び取り上げ、受取人不明の遺骨が増加した状況を伝えている。この記事によれば、同年五月から七月までに浦賀の上陸地支局には約一万四〇〇〇柱の遺骨が「帰還」したが、そのうち約半数が受取人不明であった。その背景として同記事は、送還される遺骨に付された戦没者情報が「姓」のみであるなど不備が多いことや他部隊による委託輸送が増えたことを指摘して「現地部隊幹部の無責任」を糾弾し、「遺骨の処理は部下にまかせ、自分の体と荷物だけを後生大事に持ち還つた上級将校」についての噂が流布している状況も紹介している。

また、「遺骨」と書かれた粗末な木箱に腰掛けて談笑している旧軍人らを目撃したある女性は次のように述べて怒りをあらわにした。

敗戦国とはいひながら国難に殉じた士に対して総ての国民が満腔の敬意を表するは当然の現れであり、また人としての純情であると存じます。遺骨が泣きます。取扱はれる方々の猛省をうながして止みません（『朝日新聞』一九四六年七月二五日付）。

このように、遺骨を最も丁重に取り扱うべきはずの当局においてもその扱いが「粗略」

となり「荷物と同様の取扱」がなされ、輸送の途中で紛失するケースが多発するなどして「遺族等から非難の的」となっていたというのが実態であった（業務課「復員史　第一案」一九四八年）。

「粗略な扱い」の系譜

実は、こうした軍当局による遺骨に対する「粗略な扱い」は、敗戦後にかぎられたことではなかった。原田敬一氏の研究が明らかにしているように、「粗略な扱い」の事例はすでに日露戦争の頃から問題視されていた（「慰霊の政治学」二〇〇四）。

前節でみた「戦場掃除及戦死者埋葬規則」が制定されてからおよそ一〇日後の一九〇四年六月一一日、石本新六《いしもとしんろく》陸軍次官は、遺族に対して遺骨や遺髪を小包郵便で送付することは「死者ニ対スル敬意ヲ欠《か》キ且其ノ名誉ヲ尊重セサルノ措置」であるとして注意を促す通牒（満発第二〇七七号）を発した。それからさらにひと月後の七月二一日にも、石本次官は重ねて通牒（満発第三〇三四号）を発し、遺骨や遺髪を新聞紙やハンカチなどに包んだり、また煙草の空き箱に納めたりして小包郵便で遺族に直接送付する事例を挙げて、そうした取扱いは「国民ノ感情ヲ害シ延テ軍隊ニ及ホス所ノ少カラサル」として改善を促した。この時の通牒ではさらに「遺骨遺髪還送取扱ニ関シテノ注意」として、第一師団管下の各連隊の実例を示して「比較的鄭重」（第一連隊）、「頗ル鄭重」（第二連隊）、「最モ行届ケリ」（第三連隊、「就中第一二中隊ヲ最トス」）などの評価を与え、これを参考に各部隊に対して改善を求めた。

そのなかで「最モ取扱方不十分」とされたのは第一五連隊（編成地・高崎）であった。同連隊の補充大隊が所在した長野県では県と補充大隊との間で協議を行い、前線部隊から到着した遺骨はなるべく補充大隊が県庁まで護送し、関係町村の吏員がこれを受領するなどの方針を決定した。その後、補充大隊から直接郡市役所までは小包で送付することに変更となったが、同時に、遺族への遺骨交付の際は「相当ノ式ヲ挙ケ敬意ヲ失セサル様取扱フヘシ」との配慮をみせ、一九〇四年九月二六日の県主催の遺骨交付式を嚆矢として、それ以降は各郡市において遺骨交付式および葬儀が行われるようになった（長野県編『明治三十七八年長野県時局史』一九〇八）。

このように、遺骨の「内地還送」が制度化した日露戦争当初から遺骨の輸送手段や取扱いが問題となり、これが契機となって、以後、兵士（「宰領者」）による護送と、遺骨伝達式を経て遺族へ交付する方式が次第に定着するようになったのである（満発第二〇七七号）。

しかし、遺骨の取扱いをめぐる問題は太平洋戦争期においても同様に生じていた。

前節でみた第一七軍の「大東亜戦争戦（病）死者遺骨還送規定」（一九四二年七月）の附録として添付された陸軍運輸部作成の「遺骨還送ニ関スル請求部隊ヘノ要求並希望事項」

では、遺骨輸送に関する請求書の提出遅延や国内到着後における輸送計画の変更問題など一三項目にわたって改善要望が出されており、遺骨の輸送をめぐってトラブルが多発していた状況をうかがい知ることができる。特に遺骨を国内に護送する「宰領者」については、次のような注文をつけている。

遺骨宰領者ハ成ル可ク直接上下ノ関係アリシ者又ハ生前特ニ親交アリシ戦友ヲ以テスルヲ最モ適当ト認ムルモ、其ノ人選ニ当リテハ相当慎重ヲ要スルモノアリ。即チ多クノ者ハ遺族ニ対シ多大ノ好感ヲ与ヘアルヲ認ムル処ナルモ、往々ニシテ冷淡ナル如ク見ユル者アリ。例ヘハ遺骨ノ授受ニ対シ単ナル物品ノ申送的態度ナル者、遺族ヨリ戦歿前後ノ情況ヲ聞カント欲スルモ宰領者其ノ事情ヲ知ラサル為懇切ニ説明セントセス粗略ニ流ルル者、又宰領者トシテノ任務十分終ラサルニ自己ノ行動計画ニ専念スル者等アリ、将来厳ニ注意セラレ度。

また、遺骨箱に霊璽や戦場の砂などが納められたいわゆる「空の遺骨箱」が届けられるようになってからも、遺族に対する説明は不十分であったようである。

従来ノ如ク何等ノ説明モ指導モ行フコトナク交付シ、遺族カ郷里ニ帰リ始メテ箱ヲ開キテ唖然タラシムルカ如キコトアランカ、重大ナル誤解ヲ起サシメ国民ノ志気ヲ消磨シ国家国軍ヲ怨嗟《えんさ》セシムル因トナルモノニシテ、厳ニ之ヲ戒メサルヘカラス（「ガ島作戦参加部隊ノ遺骨還送業務ニ関スル陸軍次官口演要旨」一九四三年六月）。

このような実態の背景には、兵士たちの心理的な問題があったのかもしれない。日露戦争時や日中戦争以降において死者の数が加速度的に増加するなかで、ことさら遺骨を事務的に取り扱ったり、極力死を忌避したりする心理が微妙に働いていたとしてもおかしくはない。この点について日中戦争や太平洋戦争に召集された小説家の伊藤桂一《いとうけいいち》は、兵隊のジンクスとして「遺骨を宰領して内地へ帰ると、今度戦場へもどると必ず戦死する」というものがあったと記している（『兵隊たちの陸軍史』一九六九）。したがって、特に犠牲者を多く出す部隊では、「遺骨宰領者になるのをだれもがいやがった」という。

いずれにせよ、戦前・戦時中は戦没者の遺骨に対する扱いも手厚く、特に軍部はそれを実践していたというイメージがあるが、実際には多くの問題を抱えていたこともまた真実であったようである。そして敗戦を機に、それがより大きなかたちで噴出し、「帰らぬ遺骨」が大量に発生した主たる要因となっていったと考えられる。

受け取らない遺族

こうして、終戦直後の混乱状況の中で少なくない数の「帰らぬ遺骨」が発生したが、他方で、遺族の側が遺骨の受け取りを拒否し、結果として行き場を失った遺骨が「宙に迷う」こともあった。

遺族が受け取りを拒否する理由として、遺骨を渡すべき未亡人がすでに再婚していたり、また、遺骨を抱えていてはせっかくの縁談も壊れてしまうといった事情のものが多かった。そのほかにも「国家から交付される埋葬料五千三百円では葬式も出せない」、「たれの骨だかわからない」、「神様に伺ったら息子はまだ生きているというから遺骨は受取れぬ」という理由で拒否されるものもあったという（『朝日新聞』一九五二年二月二三日付）。

さらに深刻な問題として、霊璽や遺髪、砂や石などが納められたいわゆる「空の遺骨箱」をすでに本人の遺骨として受領し埋葬供養しているので、後日になって戦友たちが本物の遺骨を持ち帰ったとしても、受け取りを希望しないといったようなケースも生じていた。遺族に対して「戦死公報」（死亡告知書）が届けられたにもかかわらず帰還した復員兵は「生きている英霊」と称されて社会問題となったが、戦没者についても「遺骨の二重帰還」ともいうべき現象が起こっていたのである。

この事情について新潟県では、遺骨の送還はできないと判断してすでに霊璽を交付した場合でも、「戦友愛」から「万難を排して」遺骨を収容し復員の際に奉持帰還した場合があると説明して、遺族に対して理解を求めている（新潟県民生部世話課「御遺族の参考」）。

また、栃木地方世話部が作成した「遺族、復員者、出征家族の栞」（一九四六年五月）では「戦友が遺骨を持つて来て呉れたのに重ねて地方世話部から、遺骨伝達の通知がありました、どうした事でせうか」という質問を取り上げているが、こうした質問を取り上げること自体、当時、「二重帰還」の現象が珍しいものではなかったことを意味している。

これらの「帰らぬ遺骨」は、最寄りの地方世話部（世話課）に送付されて遺族の調査を行い、それでも判明しなかったものは留守業務部（のちに厚生省未帰還調査部）に送られて調査が続けられた。その全体像は判然としないが、新潟県では一九四七年に世話課に改編された時点で約一五〇〇柱、東京都では一九五二年二月の時点で四三六柱（そのうちの大半は氏名や所属部隊・階級・戦病死場所が判明済）の遺骨を保管していた。また舞鶴地方引揚援護局では一九五四年七月、同局に保管していた伝達先不明遺骨二四四柱を厚生省未帰還調査部に移管したとの記録が残っている。そして最終的に遺族に伝達できなかった遺骨は一九五九年三月に設立された千鳥《ちどり》ケ《が》淵《ふち》戦没者墓苑に納骨されることとなる。

遺骨帰還の実現に向けて

日本政府の検討開始

海外に残された遺体・遺骨

終戦後、海外から本土へ復員する兵士たちにとって気がかりだったのは、戦場にそのままになっている戦友たちの遺体や遺骨のことであった。終戦時に部隊や戦友が奉持していた遺骨は復員時に持ち帰ることができたがそれらは一部に過ぎず、戦局の悪化につれて「玉砕」や撤退に次ぐ撤退を重ねたことにより、多くの戦場では「戦場掃除」が行われずに多数の日本兵の遺体や遺骨が放置されていることを、彼らは十分に認識していた。しかし敗戦後、連合国軍により収容所への強制的な移動を余儀なくされ、厳しい監視のもとで労役を強いられていた日本軍部隊が復員前に戦没者の遺体や遺骨の捜索・収容を行うことを許される状況にはなかった。

戦時中、「遺骨を保管していた戦友が又戦死すると言う状況」で「到底最後まで遺骨を保存することが出来なかった」とされる東部ニューギニア（現在のパプアニューギニア）では、終戦後に遺骨の収容をオーストラリア軍に申し入れたが許可されなかったという。さらに東部ニューギニア所在の日本軍が収容されたムッシュ島では、終戦後に死亡し同島墓地に埋葬された者が一〇〇〇人以上に達したが、彼らの遺体の送還も許されなかった。したがって同方面の部隊が復員の際に遺骨を持ち帰ったことは、「皆内緒の行為であつた」とされる（復員局留守業務部「東部ニューギニア方面に於ける戦没者の遺体遺骨等の状況に就て」一九五三年）。

他方でグアムのように、復員を待つ間、特別に遺骨の収容を認められた地域もあった。一九四四年八月に組織的な戦闘が終了した後もゲリラ戦を続け終戦後に投降した第二九師団参謀の武田英之大佐は、収容所の中から米太平洋艦隊司令部に対して遺骨収容を求める申請書を提出した。グアムの戦いでの日本人戦没者は約二万人にのぼっていた。武田の申請に対して米軍側は、一九四五年一一月、期間と区域を制限してこれに許可を与え、トラック二台とジープ一台の貸与を約束した。武田は各地の戦闘状況をよく知る二〇人からなる捜索班を編成し、米軍監視のもと同月一五日から三週間にわたって収骨作業を実施した。その結果二八五三体を発見し、火葬された遺骨は復員時に国内に持ち帰られた（『朝日新聞』一九五二年一二月二日付。なお、防衛研究所所蔵「グワム島戦死者の遺骨（体）等に関する資料」には収容遺骨は「無名遺骨約七〇〇、有名遺骨一〇体」とある)。このうち遺族へ伝達できなかったものは一九四七年三月、名古屋の北山共同墓地に埋葬された。しかし、グアムのように復員前に遺骨収容作業が許された事例はあくまで例外的なものであった。

海外に残された日本人戦没者の遺体や遺骨のうち、連合国側によって埋葬処理された日本の軍人・軍属等の埋葬地や埋葬人数に関しては、終戦後、占領期を通じて、米国やオーストラリアなどの連合国や国際赤十字から日本政府に対して、数度にわたって公式情報がもたらされた。これはジュネーブ条約（一九二九年）の第四条（「交戦者ハ戦争ノ終リタルトキハ直ニ墳墓表並ニ其ノ墓地及他ノ場所ニ埋葬セラレタル死者ノ表ヲ交換スベシ」）の規定に従って通知されたものであった。

最初にもたらされた通報は一九四六年八月七日付の米国からのものである。そこではハワイやサイパン、ガダルカナル、フィリピン、ニューギニアなど中・西部太平洋の広範囲にわたる地域に所在する米国陸軍墓地に埋葬された日本人戦没者数が墓地ごとに示されており、埋葬合計人数は八一五七人であった。その後、連合国からは一九四六年九月三日付、一九四七年四月一四日付、一九五〇年八月四日付、一九五二年四月二三日付で情報がもたらされ、一九五二年一〇月の時点でこれらの情報により所在が判明していた埋葬人数は南方地域を中心に合計約三万二〇〇〇人にのぼった（アジア五課「外地にある遺骨、墓地の現

状と国際慣行」一九五二年一〇月一五日)。

リヴィスト少佐の提案

戦後、日本政府が海外に残された戦没者の遺体や遺骨処理についての検討を開始したのは、これら連合国や国際赤十字から寄せられた埋葬情報の活用法についてGHQから打診を受けたことに端を発する。

一九四六年一一月二日、GHQのリヴィスト少佐は終戦連絡中央事務局（終連）管理部の高木広一《たかぎこういち》在外邦人課長を呼び出した。リヴィストが所属する米陸軍需品科（Quartermaster）は、当時東京丸の内にあった三菱商事ビルにオフィスを構えていた米陸軍の後方支援部隊であり、主要任務の一つとして米国人戦没者の遺骨処理を担当していた。来訪した高木に対してリヴィストは、次のように述べて日本政府が海外戦没者の処理に着手することの重要性を指摘した。

海外戦没将兵邦人に就き日本政府としても之が取扱を大切にせらるることは極めて肝要と存ぜられ、将来二、三年も経て国民が落着いた時、政府は果して是等戦没将兵を如何に取扱ひくれたか必ず問題となるべし（在外邦人課「西部及中部太平洋米軍占領地区内埋葬邦人の処置に関する打合会の件」一九四六年一一月四日)。

このリヴィストの発言は、戦後の日本が海外戦没者処理に向けて第一歩を踏み出す契機となった。リヴィストはこの席で、米国はまだ自国の戦没将兵について処理中であるが、日本側がこの問題について研究・立案するならば米国側もできるだけの協力を惜しまないとの態度を示した。そのうえで、海外の日本人戦没者を現状のまま現地に埋葬するのか、あるいは遺骨を日本へ送還するのかといった基本的な処理方針について日本側の具体的な希望事項の提示を求めたのである。

最初の日本政府案

このリヴィストからの提案に対して日本政府は、一九四六年一一月六日、終連、外務省、復員庁第一・第二復員局の担当者による会議を開催して関係省庁の意見をとりまとめた。そして一一月一四日、高木は再びリヴィストを往訪し、「海外戦没埋葬者送還に関する日本側希望案」を提出した。

「希望案」ではまず、海外戦没者に関する日本側の基本方針として「日本へ送還するを原則」とした。具体的な処理要領としては、「戦没者の埋葬死体は出来る限り之を発掘火葬に附し、遺骨並に遺品を日本に送る」こと、遺骨や遺品が無い場合には代わりに埋葬地の土塊などを送付することを示した。そして作業実施にあたっては、日本人の責任ある代表者と必要な作業員を各地域へ派遣すること、遺骨・遺品の輸送には引揚げを実施中の地域においては引揚船を援用し、それ以外の地域ではGHQの承認のもとで特別船を派遣することなどを要望したのである。

この「希望案」は、戦後の日本政府によって考案された最初の海外戦没者処理方針であり、そこで打ち出されたのは遺骨や遺品をできるだけ日本国内に送還するという「内地還送」の原則であった。このことは、終戦初期の日本政府が「大日本帝国」下で採られた原則を戦後も継承しようとしていたことを意味している。リヴィストが現地での埋葬を希望するか、あるいは日本への送還を希望するかとの選択肢を提示したのに対し、日本側が「内地還送」の原則を明確にしたことは、この時点における日本政府の意思であり、「選択」であったといえる。この「希望案」はリヴィストへ提示された後、政府の正式決定となった。

日本側の「希望案」に対するリヴィストの反応は、好意的なものであった。リヴィストは、輸送と必要労力をすべて日本政府が提供することを条件に「全部ＯＫ」であるとの見解を示した。さらに他の関係国政府にも同様の取扱いが可能となるようＳＣＡＰを通じて連絡をとることを約したのである。ただし、米国の管理下にある地域で日本人俘虜がいる地域については俘虜が作業にあたり俘虜と同じ引揚船で送還すること、米国世論の関係もあり計画の公表には慎重を期する必要があること、作業開始の手続きはＧＨＱがイニシアチブをとるので日本政府はＧＨＱの指令を待つべきことが伝えられた。

進まぬ交渉

しかし、その後しばらくの間、この問題に関してさしたる動きはなかった。

翌一九四七年の五月三日、リヴィストは鈴木耕一《すずきこういち》在外邦人課長（高木の後任）を呼び出して、米国側の手続きが遅れている理由として日本側の作業人員の海外派遣についてSCAPの了承が得られないことを挙げ、GHQ内でさらに協議しなければならない状況であると説明した。終戦後、日本国民の海外渡航はすべてSCAPの管理下におかれており、原則として禁止されていた。ただし、この会談より少し前の四月一四日付SCAP指令（SCAPIN第一六〇九号）によって、特に選別された日本国民に対しては短期間の海外渡航を許可する意向が示されていた。おそらくこのことを踏まえてリヴィストは、日本人の海外渡航は最近やや「緩和」されてきているので、「今度は何とか話合がつくと思ふ」と述べて日本側に期待を抱かせた（在外邦人課長「太平洋地区に於ける戦死者の遺骨送還に関する件」一九四七年五月五日）。

この時の会談では、発掘された遺体の火葬方法についてもやりとりがあった。リヴィストは、現地に火葬設備のある場所はよいが、そうでない場合もあるので、輸送船に火葬設備を設置することが最も好都合ではないかとの考えを伝えた。これに対して日本側は、それは不可能ではないが、従来日本軍が行ってきたように現地の野外で火葬する方法が「最も便利」であると後日回答している（この点についてリヴィストも「異議はない」との意向を示した）。

一方、鈴木課長はリヴィストに対して、遺体や遺骨の収容後、米国の管理地域に日本人戦没者の墓地を存続させる場合の意向について質した。鈴木の質問の意図はこうであった。日本の習慣として火葬後の「お骨拾ひ」では遺骨の全部を骨壺に納めるわけではなく、遺骨や遺灰の多くが現地の火葬場に残されることが想定される。しかし、それらをすべて納めることは事実上困難であるので、現地において「遺骨灰を各人別に又は一緒に埋葬し墓標を立てる」ことについて米国側の感触を確かめようとしたのである。

この発想は、日露戦争以降、現地での火葬の際に生じた遺灰を納めるために満洲などに建設された「納骨堂」（忠霊塔）の役割に近いものであり、その意味で日本側は、戦前の経験を踏まえた処理方法を検討していたものと考えられる。鈴木に対してリヴィストは、「その土地の所属する国の政府の決定することで司令部としては何とも云へぬ」としながらも、「日本政府として若し積極的にそう云ふ希望があるなら墓地維持の方法及経費等に付具体的な案を提示され度い」と述べて、今後の協議に前向きな姿勢をみせた。

その後、日本政府内では具体的な処理方法について検討がなされたが、GHQからは何ら音沙汰がなかった。一九四七年一二月、再び鈴木課長がリヴィストを訪ねて進捗状況を照会した際にリヴィストは、「米軍としては目下太平洋各地に散在する米軍将兵の遺骨の発掘及其の集中（コンセントレイション）に従事」していると述べて、GHQからの指令が遅延している事情を説明した。リヴィストは、「日本側遺骨の発掘送還」については米国側の作業が完了した後に具体的に決定し、「米陸軍省にレコメンドするつもり」であると述べ、米国側作業の完了時期は一九四八年夏頃になるとの見込みを伝えた（在外邦人課長「太平洋地区遺骨送還の件（覚）」一九四七年一二月三〇日）。

こうして、GHQが米国人戦没者の処理を優先させたことにより、結果として日本人戦没者の処理は後回しにされるかたちとなり、何ら進展のないまま時間が流れていった。あとで詳しくみるように、リヴィストが約束した一九四八年夏、フィリピンのカンルーバン収容所に埋葬された遺体・遺骨の処理について日米間で協議が開始され、一九四九年一月に約五〇〇〇体（柱）が送還されたが、それはあくまで単発的な処理に終わった。また、一九五〇年六月中旬には米国からの帰途にあった尾崎行雄《おざきゆきお》衆議院議員やハワイ訪問の途上にあった笠置《かさぎ》シヅ子、服部良一《はっとりりょういち》らが搭乗した飛行機がウェーク島に不時着し、同島に多数の遺骨が残存している状況が伝えられた。これを受けて外務省はGHQに対して同島の遺骨処理に関して照会したが、米軍の関心が同年六月に勃発した朝鮮戦争に向けられていたこともあり、その後具体的な回答がもたらされることはなかったのである。

硫黄島・沖縄への遺骨調査団派遣

戦没者への関心の高まり

戦没者やその遺族をめぐる状況にとって一大転換点となったのは、一九五一年九月八日のサンフランシスコ平和条約の調印であった。調印直後の九月一〇日には、政教分離の建前のもと、占領政策によって課された戦没者の慰霊行事に関する制約を解除する文部次官・引揚援護庁次長通達（「戦没者の葬祭などについて」）が出された。これにより、それまで制限されていた慰霊祭への知事・市町村長・公務員の列席や遺骨伝達式への遺族以外の一般人の参列などが認められるとともに、遺族への伝達が不能な遺骨のために地方公共団体が簡素な墓または納骨施設を造ることも認められた。

一〇月一八日には、吉田《よしだ》茂《しげる》首相が公の資格で靖国神社を参拝したが、これは一九四五年一〇月二三日の幣原《しではら》喜重郎《きじゅうろう》首相以来、六年ぶりのことであった。さらに終戦後に停止・制限された戦没者遺族に対する援護再開の動きもみられた。一〇月一五日には次官会議で戦傷病者や戦没者遺族に対する援護について適切な措置を策定すべきことを決定し、援護法を準備するための審議室が引揚援護庁内に設置された（「戦傷病者戦没者遺族等援護法」は一九五二年四月に成立）。

こうしたなか、未帰還となっている海外戦没者の遺骨収容問題にも注目が集まった。平和条約の調印を伝えた『朝日新聞』（一九五一年九月一〇日付）は「〝南海の生存者〟引取りへ／孤島、密林に数千？／野ざらしの遺骨も収容」との見出しで、講和後に日本が取り組むべき課題として、南方に残留する日本兵の帰還とともに、「野ざらし」となっている未帰還の遺骨収容を促進すべきであると指摘した。それから一週間後の同紙「天声人語」は、「遺骨がわりに一握の砂や石ころや木片を押しつけられた遺族にとっても、せめて講和後には、わが子、わが父、わが夫の息をひきとった地から、在りし日のうつそみの一片と覚しきものを受取りたいのは人情」であるとして、講和後の日本は「民族の落穂拾いの行脚《あんぎゃ》を始めるべき」と遺骨収容の早期実施をうったえた（九月一七日付）。

これらの記事がきっかけとなって、九月末には「南方遺骨引揚促進会」や「南方遺骨引揚協議会」などの民間団体が相次いで発足した。その中心の一人となったのが、海軍報道班員として南方各地を視察し、フィリピンで収容所生活を送った経験を持つ芥川賞作家の寒川光太郎《さむかわこうたろう》であった。寒川は『朝日新聞』の記事のなかで、白骨が散乱するフィリピン・コレヒドール島の状況を伝え、「それらの骨を拾って、弔ってやれる日が待ち遠しい」とうったえていた。この記事に対する反響は寒川の予想をはるかに超えたもので、彼のもとには遺骨が帰らない、あるいは「空の遺骨箱」が届けられた遺族たちから多数の手紙が舞い込んだ。やがて寒川は、それらの遺族のもとを訪ねて彼らの抱えるさまざまな問題を突きつけられ、苦悩していくことになる（寒川光太郎『遺骨は還らず』一九五二）。

国会もまたこの問題に敏感に反応した。一九五一年一〇月二九日、秘密会として開催された参議院の在外同胞引揚問題に関する特別委員会で、引揚援護庁や外務省の担当者から初めて南方における戦没者の遺体・遺骨の状況が明らかにされた。これを受けて一一月九日、長島銀蔵《ながしまぎんぞう》委員長はGHQのシーボルト外交局長を訪ねて南方地域への遺骨調査団派遣に関する懇請書を提出し、同局長からは同情ある考慮が言明された。

さらに一九五一年末から一九五二年にかけては、日本宗教連盟（安藤正純《あんどうまさずみ》常任顧問）と日本赤十字社（島津忠承《しまづただつぐ》社長）が中心となり、木村忠二郎《きむらちゅうじろう》引揚援護庁長官、安井誠一郎《やすいせいいちろう》都知事、藤山愛一郎《ふじやまあいいちろう》日商会頭らを巻き込んで、遺骨収容に関する官民一体の国民運動の受け皿となる団体の設立が模索された。団体設立のための準備委員会では、「海外戦没者遺骨奉還慰霊委員会」の立ち上げや、政府予算と国民の奉仕による遺骨収容計画への協力、中央および地方における慰霊祭の実施、慰霊碑の建立などが検討された。

こうしたなか、一九五一年一〇月、戦没者慰霊と遺骨収容を目的とした硫黄島渡航計画が旧軍人によって進められていることが報じられた（『朝日新聞』一〇月一日付）。日米両軍に多数の犠牲者をもたらした硫黄島の戦闘における日本人戦没者は約二万一九〇〇人にのぼり、生存者はわずかに一〇八三人であった。これら硫黄島の戦没者に対する慰霊を終戦直後から米軍側へうったえていたのが、和智恒蔵《わちつねぞう》元海軍大佐であった。

和智元大佐の硫黄島渡航申請

和智は一九四四年三月から一〇月まで硫黄島警備隊司令として同島の守備の任にあたっていた。その後、海軍水雷学校教官を経て鹿児島の第三二突撃隊司令に赴任したため戦死を免れたが、終戦後は仏門に帰依《きえ》して硫黄島戦没者の供養と遺族救済の活動に取り組むこととなった。

和智が初めて硫黄島への渡航申請を提出したのは、一九四五年一一月のことである。武装解除を実施するため鹿児島に進駐してきた米海兵隊大隊長ヘイワード中佐に対して和智は、自分は僧侶になって硫黄島に渡り戦没者の供養をしたいと申し出た。自らの部隊も硫黄島攻略戦に参加し、多くの死傷者を出したというヘイワードは和智の申し出に賛同し、申請書を提出するよう勧めてその斡旋をした。英文で作成された申請書の中で和智は、自らの経歴を明らかにし、硫黄島の戦闘で多数の戦死者を出したことに対して強い道義的責任があるとの心情を吐露するとともに、硫黄島での慰霊祭実施と慰霊碑建立について許可を求めた。申請書は一一月一〇日付で提出されたが、その回答は和智のもとには届かなかったようである。それでも和智はあきらめなかった。

和智はその後も一九四七年六月、一九四九年五月、一九五一年二月に終連を通じて同様の申請を行った。しかし、これらはいずれもGHQによって却下された。その理由は、日本人の海外渡航を制限する占領政策に鑑みて、慰霊目的のために個別に渡航を許可することは現状において好ましくない、というものであった。硫黄島は一九四六年一月二九日付のSCAPIN第六七七号で政治的・行政的に日本から分離されていた。

しかし、前節でみた一九四七年四月のSCAP指令を皮切りに、海外渡航制限は徐々に緩和されていった。一九五〇年一月五日付のSCAPIN第二〇七二号では、海外渡航の許可申請について外務省を経由してSCAPに提出することが認められ、これにより日本政府は本格的に海外渡航事務に参画することとなった。さらに一九五一年六月二日付のSCAPIN第二一五五号により、永住目的の者に対する旅券発給および「所持人の通行の自由及び保護依頼」の文言を日本政府の名において旅券に記載して差し支えないことなどが認められた。そして平和条約が調印されると、GHQから旅券発給の許可権限を日本政府に移管するとの意向が示された。これを受けて、一九五一年一一月二八日に旅券法が制定・公布され（一二月一日施行）、日本政府は自主的に旅券を発給することが可能となった。

硫黄島への渡航許可

このように海外渡航制限の緩和が進展するなかで、和智が提出した一九五一年五月二七日付の第五回目の申請に対して、GHQ民間情報教育局長のニュージェントから初めて好意的な回答（七月四日付）が寄せられた。

この申請の三週間前、戦後四年間硫黄島の洞窟に潜伏した後米軍に投降して日本に帰国した和智の元部下が、日記帳を探すために特別に硫黄島に再渡航し、その時摺鉢山《すりばちやま》から飛び降り自殺をするという事件が発生していた。このことが、和智が五回目の申請書を提出する直接の動機となった。申請書の中で和智は、自殺を遂げた元部下は「戦歿せる戦友の霊魂によつて誘致され」たとの解釈を示し、「同島には今なお戦歿日本軍将兵の霊魂が供養されざるまま怨霊として漂い残留するものと考えられる次第なり」と述べていた。

この事件がどの程度影響を与えたかは不明であるが、ニュージェント局長は、和智の「宗教的動機を十分に理解し、日本人の海外戦没者の遺体処理の適切な計画につき考慮する準備がある」と回答した。これを受けて和智は七月一八日、引揚援護庁長官および外務大臣等に宛てて正式に硫黄島への渡航申請書を提出した。

和智からの申請を受けて引揚援護庁と外務省はこの問題に関する検討を開始し、八月二〇日の打合せ会議では現地の実情調査のために和智の硫黄島派遣を取り計らうことを決定した。特に引揚援護庁は和智の申し出について、「誠に奇特なこと」で「当局としても大いに支援致し度い」とし、この問題は一私人ないし一宗教法人に任せるべきものではなく、「国家として処理すべきもの」との認識を示した。そして「政府からも責任者を同島に派遣し状況を調査せしめる必要がある」として、同庁復員局の事務官二名を同行させることとなった。

九月一七日、外務省は和智と政府職員による硫黄島への渡航許可と現地調査時における便宜供与を求める公信をＳＣＡＰに宛てて送付した。その中で「本件は日本国民の習慣に鑑み極めて重要な問題である」と指摘し、政府職員が和智に同行して「日本軍戦没将兵遺骸の埋葬及び引取の方法」について研究することは「時宜に適している」と述べて、日本政府として遺骨収容問題に対して積極的に取り組む姿勢を示したのである。

ＳＣＡＰからは一二月三日付で硫黄島への渡航を「原則的に許諾する」旨が伝えられた。ただし、「来島の趣意は調査に過ぎない」として今回は「些小の発掘」（only token disinterment）にとどめることとし、本格的な遺骨収容の実施は日米両国政府が遺骨の引き取りに関する全面的政策に合意するまで延期すること、遺骨の捜索は米軍司令官が必要と認める制限内において行うことなどの条件もあわせて伝えられた。この回答を受けて引揚援護庁と外務省は、渡航日程および硫黄島滞在中の行動予定に関する詳細な計画を立案し、翌年一月一四日付で最終的な承認を受けることとなった。

こうして一九五二年一月二五日、和智は復員局の職員で旧軍人（元中佐）の二名およびメディア関係者二名とともに、米軍のＬＳＴ（戦車揚陸艦）済和号で硫黄島に向けて出発した。最初の申請から実に足掛け七年の歳月を経ての渡航実現であった。

硫黄島での遺骨調査と慰霊祭

一月三〇日、硫黄島に上陸した一行は、それから約一か月間同島に滞在し、島の全域にわたって遺骨調査と慰霊祭を実施した。当初の予想と異なり、米軍の硫黄島基地指揮官ヤングス空軍少佐は一行に対して終始協力的で、和智が「立入禁止区域があったら指示せられたい」と述べたのに対して、「何処へ行っても、また入っても結構である」と即答したという（厚生省引揚援護局編『続・引揚援護の記録』一九五五）。これにより一行は、米軍基地施設の敷地内や通常は米兵さえも立入禁止となっている摺鉢山の山頂にも出入りして調査を進めることができた。

しかし、上陸後の和智がまず最初に驚いたように、島の様子は彼が滞在した頃とは一変しており、日本軍が駐留していた当時の旧道は跡形もなく、猛烈な勢いでジャングル化が進んでいた。遺体や遺骨の捜索、特に白骨が多く残存していると考えられた洞窟の発見は著しく困難で、調査には多数の不発弾や高温で有毒な硫黄ガスなどによる危険もともなった。それでも一行は、約二〇の洞窟で約八〇〇体の遺体を確認し、そのすべてを火葬した。そして特別に許可を得た三八柱の遺骨と若干の遺品を持ち帰ることとなった。

また、僧侶でもある和智は洞窟で遺体や遺骨を見つけるごとに読経して戦友たちの霊を慰めた。硫黄島への渡航にあたって和智は二体の観音像を持参しており、そのうち石造りの観音座像を島の北海岸に、金色の平和観音像を死闘が繰り広げられた摺鉢山の山頂に建立したいと米軍側に申し入れた。金色の観音像に関して米軍はその建立を許可したものの、山頂は避けるようにとの指令があり、結局摺鉢山の山麓に建立することとなった。山頂にはすでに米国によって星条旗と記念碑が建てられており、和智ら一行は二月二日、山頂で日米戦没者のための法要を行っていた。両観音像の除幕慰霊法要は二月一〇日、ヤングス少佐をはじめ米軍関係者も多数出席してそれぞれ盛大に行われた（図9）。

一行は、二月二八日に硫黄島を離れ、三月三日、九州八幡港に到着した。

「白骨の島」の実態

こうして和智の宿願であった硫黄島への遺骨調査と慰霊の旅はひとまず終わりを告げた。調査団の報告では、本格的な作業によって今後収容可能な遺骨は約三〇〇〇柱と推計していた。現地の風化状況を目の当たりにした調査団は、「本格的遺骨収容の作業は、一日も早く行うべき」であり、この三〇〇〇柱とい

図９　硫黄島での慰霊祭（毎日新聞社提供）

う数は「決して、少いものではない」と指摘した（『続・引揚援護の記録』）。

和智をはじめとする調査団のメンバーが特に強調したのは、遺体や遺骨が存在するのは手の届きにくい密林や洞窟などであり、硫黄島全域において地表面で発見し得る例は極めて少なかったという点であった。この点に関して一九五二年三月一〇日、衆議院の海外同胞引揚及び遺家族援護に関する調査特別委員会に出席した政府職員は次のように証言した。

> 硫黄島は白骨の島である、全島至るところに白骨がごろごろころがつている。まるで死んだ島である、死の島であるという印象をお持ちの方がもしありといたしますれば、私はその人に対して躊躇なく、それは間違つている、そんなところではないとはつきり申し上げたい。

地表面で白骨が見当たらない理由について政府職員は、戦後、米軍や現地の建設会社で働く日本人作業員たちによって整理・埋葬されたことなどを挙げたが、同職員がこの点を強調したのには次のような事情があった。

すでにみたように、硫黄島への遺骨調査団派遣は海外戦没者への国民的関心が高まるなかで行われたが、この頃になると太平洋戦争の激戦地であった旧戦場の戦後の状況が少しずつ明らかになってきていた。一九五一年末には硫黄島やウェーク島、グアム島を訪れた民間人によって遺骨が「野ざらし」になっている状況が報告され、その様子は『白骨の島』（一九五二年三月刊行）という書籍にまとめられて大きな反響を呼んだ。

また、和智一行に同行したメディア関係者は二人に限られていたので、主要全国紙の記者やカメラマン、漫画家など二一名が和智一行の硫黄島到着と同じ日にチャーター機で島を訪問し、数時間滞在して島の現状を取材した。その時の模様は、一九五二年一月三一日付の各紙で白骨の写真とともにセンセーショナルに報道された。各紙の第一面には、「〝死の島〟硫黄島／消えぬ悪夢の跡」（『読売新聞』）、「硫黄島に英魂を悼む／道路に埋む白骨の砂」（『毎日新聞』）といった見出しが躍った。これらの記事を読んだある女性からは、「むごたらしく草むらに散らばっている白骨の写真や報道をみて、鼻をつまらせて何度も読み返しました」という声が寄せられている（『朝日新聞』二月三日付）。

こうした報道は国内のみならず米国側にも伝わり、その真偽を確認するために、和智の硫黄島滞在中、同島を管轄するグアム島駐留の米太平洋艦隊司令部からコリス海軍大佐が派遣されてきた。これらの報道は「日本でのアメリカの権威を著しく損なわせ」るものと考えられたからである（エルドリッヂ『硫黄島と小笠原をめぐる日米関係』二〇〇八）。コリスによる聴取に対して和智は、「新聞記事の傾向というものは何処の国でも同じように或る種の誇張的筆勢がある場合がある」（和智恒蔵『硫黄島洞窟日誌』一九五二）と釈明したが、調査団の報告では、この一連の報道が「非常なる好意をもつて、重要なる島をオープンにした米側に対しても、非常なる悪影響を及ぼしたのではなかろうか」と繰り返し懸念していた。その意味では、調査団が「白骨の島」「死の島」という印象を打ち消そうとしたのは、国民向けであると同時に、米国に対するメッセージでもあったと考えられる。

沖縄への調査団派遣

硫黄島への派遣決定と前後して、沖縄への遺骨調査団派遣についても日本政府とGHQとの間で調整が進められ、引揚援護庁復員局から三名の調査員が派遣されることとなった。「鉄の暴風」として知られる激戦により民間人にも多くの被害を出した沖縄戦における日本人戦没者は、約一九万人（軍人・軍属約九万六〇〇〇人、民間人約九万四〇〇〇人）と推計される（沖縄県生活福祉部援護課編『沖縄の援護のあゆみ』一九九六）。しかし、本土から行政分離され、米軍の統治下にあった沖縄における戦没者処理について政府は、その実態や全体像をほとんど把握していなかった。

最後の陸軍省高級副官で引揚援護庁復員局の美山要蔵《みやまようぞう》元大佐を団長とする調査団一行は、一九五二年三月一五日に東京を出発し、二二日に那覇に到着、四月一八日に帰京した。沖縄滞在中、一行は激戦地となった「島尻」とよばれる沖縄県南端部をはじめとして、伊江《いえ》島《じま》や慶良間《けらま》群島などの離島を含む広範囲にわたって各地の遺骨処理や納骨所の管理状況に関する調査を行った。

ここで注目されるのは、この沖縄への調査団派遣に際しても、硫黄島と同様の事態が発生した点である。すなわち、調査団派遣前の一九五二年二月上旬、沖縄から遺骨を持ち帰った民間人が沖縄での戦没者の状況について「全く野ざらしに等しい状態」などと新聞紙上で発言したことに端を発した「遺骨野ざらし」問題が生じていた。この問題に詳しい北村毅氏の『死者たちの戦後誌』(二〇〇九)が指摘するように、当時はちょうど硫黄島の状況が新聞紙上を賑わせている時期にあたり、ともに激戦地だった硫黄島と沖縄の状況が重ねあわされて報じられた。

しかし実際には終戦直後から、沖縄では米軍の許可のもと、現地住民たちによって自発的に拾骨が行われていた。収容所があった旧真和志《まわし》村(現在は那覇市に編入合併)周辺の無名遺骨約三万五〇〇〇柱を納めた「魂魄《こんぱく》の塔」や今日観光地としても有名な「ひめゆりの塔」などはいずれも一九四六年の段階で建立されたものである。戦闘が最も激しかった旧三和《みわ》村（現在の糸満市南部）では、調査団の派遣時に慰霊碑がすでに一七基も建立されており、そこに納められた遺骨の数も七万五〇〇〇柱に上っていた。しかし、そうした事実は本土ではほとんど知られていなかった。

本土で加熱する「遺骨野ざらし」報道は、沖縄住民の反発と懸念を招いた。旧三和村村長は『琉球新報』（一九五二年二月一七日付）に「日本であんな報道をされ、われわれ沖縄人は非人情の民族だと見られるのは残念なことである」との談話を寄せている。この報道以降、沖縄側では納骨所の補修やいっそうの遺骨収容作業を行って調査団一行を迎えることとし、一行は琉球臨時中央政府をはじめ、関係市町村や遺家族、仏教会などの全面的なバックアップのもとで調査を行うこととなった。そこには、講和により日本から切り離されることに対する沖縄の危機感と、本土の「日本人」から「非人情の民族」「道義なき国民」としてみられることへの警戒感が存在していたといえる（『死者たちの戦後誌』）。

調査団の帰京後、四月二二日に衆議院海外同胞引揚及び遺家族援護に関する調査特別委員会で行われた報告会の席で木村忠二郎引揚援護庁長官は、まず「遺骨の大部分は、各地に建設されてある慰霊塔の中に、住民の手によつて丁重に納められ、かつねんごろに供養されておる」ことを指摘したうえで、次のように同調査を概括した。

わが将兵の遺骨が手厚い取扱いを受けておりますることは、私ども当初予想し得なかつたところでありまして、琉球政府並びに県民の御懇情に対しましてし衷心から感激いたしまするとともに、いささかなりともその同胞愛に報ゆるの方途を講ずべきであるということを痛感いたしたのであります。

木村長官のこの発言は、この時点まで日本政府が沖縄戦の戦没者をめぐる実態についてまったく把握していなかったことを裏づけるものであった。

可視化された海外戦没者

このように、平和条約の調印を契機に一九五二年一月から四月にかけて実施された硫黄島および沖縄への遺骨調査団の派遣によって、終戦から七年の時を経て、アジア太平洋戦争の激戦地ないし玉砕地の状況が国民の眼前に初めてさらされることとなった。

戦時中、軍の統制によりこれらの戦場に関する情報に接する機会をほとんど与えられなかった国民にとって、山野に同胞の白骨が転がる写真に衝撃を受け、過敏に反応したことは無理からぬことであった。硫黄島調査団が報告したように、報道自体には「先入観とべつ見」によって「実情と違つた印象を内外に与えてしまつた」という側面があったかもしれない。しかし問題の本質は、これらの島々において目の届く範囲に白骨が転がっているか否かという点にあるのではなかった。国民にとって重要であったのは、いみじくもリヴイスト少佐が一九四六年一一月の時点で指摘したように、「国民が落着いた時、政府は果して是等戦没将兵を如何に取扱ひくれたか」という点にあったのである。

もちろん、占領下という制約のなかで、日本政府にできることは非常に限られており、「生存者の帰還が完遂されていない際であり、これを積極的にとりあげて推進するような情況になかつた」というのが実情であった（『続・引揚援護の記録』）。そうしたなかで、一九四六年末の段階で政府が海外戦没者の遺骨処理に関する検討を開始していたことは特筆してよいだろう。しかし、結果として講和に至るまでの期間、海外戦没者に対する具体的な手当てが何らなされてこなかったこともまた事実であった。もし、目の届く地表面に白骨が転がっていないのであれば、それは、米兵や現地住民たちの厚意によって処理されたのであって、そこに政府は関与していなかったし、そうした事実を把握してもいなかった。「野ざらし」や「白骨の島」という表現に集約される戦没者のありようは、戦後の遺骨に対する「粗略な扱い」とあいまって、政府に対する不信と批判の増幅につながりかねない問題であった。

また、硫黄島への調査団派遣はちょうど国会で警察予備隊の後継機関としての「防衛隊」（保安隊）の設置について論議されていた時期にもあたっていた。一九五二年二月一日付の『読売新聞』第一面は「防衛隊を創設／首相言明／予備隊11月切換え」との大きな見出しで記事を掲載しているが、その隣に掲げられた「社説」では、次のように書かれている。

（戦没者の）遺骨を放置したまゝにして今日まで何らの措置をとらず、遺家族には最近に至ってようやく少額の援護費を決定して、それで事足りたかのように眼をつぶり、実際の再軍備をなしつゝもそれを再軍備に非ずと強弁しながら千八百億円という膨大な予算をもって軍備を画策している政府が、いかに無責任であり恥知らずであるかを、われわれは改めて見直し、一種の痛憤さえも感じざるをえないのである。

「社説」ではさらに続けて、「政府はよろしく硫黄島の慰霊祭を機として、いまは無名戦士となっているこれらの遺骨引取りに着手し、犠牲者および遺家族対策について再検討すべき」であり、同時に「国民の側でもこれを機として平和への決意を新たにすべきである」と主張している。

また、同日付『朝日新聞』の「天声人語」は、硫黄島は広島・長崎と同様に「日本人のみならず人類に対して戦争と平和との一大教室である」としたうえで、次のように述べている。

現地を見てきた特派員の話によると、それ（遺骨収容）は内地で考えるほど生やさしいことではなく、密林の遺骨探しなどは一大探検隊を要するくらいで、遺族たちの期待を満足させることは困難だろう（中略）にもかかわらず遺骨収容作業は鎮魂のためにも出来るだけのことはされねばならない。が、それにもまして大切なことは、いま生きている人間を戦場において再びかくの如き白骨と化せしめないことである。

このように、遺骨調査団の派遣によって可視化された海外戦没者の存在は、講和、そして経済復興へ向けて歩み出した戦後日本に対して、「戦争はまだ終わっていない」ということを想起させることとなった。同時に、この問題にどう取り組んでいくべきかということは、戦後日本の平和意識のありようにかかわる問題でもあった。こうした国内から湧き上がってきた声に、政府はどのように応えようとしたのだろうか。

遺骨収容をめぐる日米交渉

戦没者数と未帰還遺骨数の把握

海外戦没者に対する関心が高まるなかで、政府は正確な戦没者数とともに未帰還となっている遺骨数の全体像の把握に努めた。今日、日本人の全戦没者概数は約三一〇万人（そのうち陸海軍の軍人・軍属は二一〇万人）とされているが、この三一〇万という数字が初めて示されたのは、戦後第二回目（第一回は一九五二年五月）の政府主催全国戦没者追悼式が開催された一九六三年八月になってからのことである（ただし戦没者数の内訳にはその後変遷がある）。

終戦直後、一九四五年九月初旬に陸海軍省が帝国議会に提出した資料（「大東亜戦争中陸軍（海軍）関係損耗表」）では、陸海軍の軍人・軍属の戦没者数について、陸軍約三五万人（そのうち玉砕二〇万人）、海軍約一六万人、合計約五一万人と算出していた。この数字はのちに判明した実際の戦没者数の四分の一以下に過ぎず、戦時中、軍部や政府がいかに自国の損害を把握していなかったかを端的に示す資料であるといえる。したがって当然、未帰還遺骨数も非常に低く見積もられていたか、あるいはほとんど実態が把握されていなかったものと考えられる。

その後政府は、復員部隊からの情報や各都道府県による留守家族の調査などをもとに、次第に戦没者数の実態を把握していった。一九四九年四月、経済安定本部は一九四八年末の段階における最新の統計を集約し、当時最も正確な数字として「太平洋戦争による我国の被害総合報告書」を公表した。この報告書では、行方不明者等を含めた陸海軍の軍人・軍属の人的被害を約一八六万人（陸軍＝約一四四万人、海軍＝約四二万人）と算出している（そのうち日本本土以外での陸軍戦没者は約一一三万人）。

こうして政府は次第に正確な戦没者数を把握していったが、一九五二年に入ると遺骨収容の具体的計画を立案するために、当時遺骨収容が困難と考えられた中国やソ連地域を除く南方諸地域の戦没者数と未帰還遺骨数についての内部資料を作成した。それによると南方における戦没者数は合計約一二四万人であり、そのうち未帰還となっている遺骨の数は八〇万柱以上にのぼると推計していた。これらの統計資料はそれぞれ別々に作成されているため正確な比較はできないが、それでもこの調査結果により、一九五二年の段階でこれ

表5　南方諸地域における戦没者数と未帰還遺骨数（1952年）

地域	戦没者数	未帰還遺骨数	未帰還率
硫黄島	21,925	17,115	78.1%
沖縄	86,627	57,399	66.3%
アッツ島	4,061	1,078	26.5%
マリアナ諸島	79,813	61,006	76.4%
カロリン諸島	42,111	18,558	44.1%
マーシャル諸島	21,906	13,193	60.2%
フィリピン	470,117	383,452	81.6%
ニューギニア・インドネシア	194,073	115,458	59.5%
ソロモン・ビスマルク諸島	109,704	56,747	51.7%
ボルネオ	15,916	8,831	55.5%
マライ	11,708	5,068	43.3%
タイ	4,898	2,385	48.7%
ビルマ	161,822	80,400	49.7%
仏領インドシナ	10,621	3,015	28.4%
総計	1,235,302	823,705	66.7%

引揚援護庁長官の議会説明資料（1952.2.16）およびアジア五課「外地にある遺骨，墓地の現状と国際慣行」（1952.10.15）別表（いずれも外務省外交史料館所蔵）より作成．

らの諸地域において実に平均約七〇％近くもの遺骨が未帰還であるという実態が判明したのである。なかでも硫黄島（約七八％）、マリアナ諸島（約七六％）、フィリピン（約八二％）といった地域が非常に高い未帰還率を示していた（表5）。

「現地埋葬」という選択肢

すでにみたように、これらの海外戦没者の遺体・遺骨の処理方法として政府は当初、できるだけ国内に送還するという「内地還送」の方針を原則とすることを検討していた。しかし、平和条約の調印を契機として浮上してきたのが「現地埋葬」という選択肢である。

一九五一年九月二〇日付で引揚援護庁が新たに作成した処理方針では、すでに日本人戦没者が埋葬されている海外の墳墓については改めて発掘せずに当該地の所管国にその管理を委託することを柱に据えた。また、その他の玉砕地や戦場における遺体・遺骨や遺留品についても、原則として「現地の要所に収容埋葬」して管理を委託することとし、同時に「一部の遺骨を収容内還する」こととしたのである（引揚援護庁庁議「外地にある戦死者の墳墓、遺体、遺骨及び遺留品の処理について」一九五一年九月二〇日）。

こうした「現地埋葬」という考え方が浮上した直接的な理由としては、平和条約に付属して採択された戦没者の墓地や記念碑の扱いに関する「宣言」の存在が挙げられる。この「宣言」の原案は、もともと平和条約を作成する過程で英国が提案したもので、そこでは日本国内における連合国墳墓等の適切な取扱いを平和条約内で規定することが求められていた。第一次世界大戦以来、英連邦では現地に墓地を建立し、王立委員会がそれを管理するという方式を原則としていた。したがって英国の提案は、講和後日本国内に英連邦墓地を維持することを見越してのものであったと考えられる（実際、この宣言に基づいて一九五五年に「日本国における英連邦戦死者墓地に関する協定」が締結され、神奈川県の保土ケ谷に英連邦戦死者墓地が設置された）。

それに対して、一九五一年四月に米国から英国案の内示を受けた日本の外務省当局者は、

「趣旨には異存なく、日本もこのようにする用意がある」が、「条約で義務づけられることは、日本国民に『押しつけられた』という感じを与えるきらい」があり、「条約から削除されることが望ましい」と要請していた。その結果、平和条約草案をめぐるその後の交渉過程においてこの規定は条約本文から切り離され、平和条約に付属する「宣言」となった。また、内容についても日本側は、「日本人の国民感情」を考慮して双務的な内容とするよう要望し、最終的に、「日本国は、連合国が、連合国の領域にあり且つ保存を希望される日本人の戦死者の墓又は墓地を維持するために取極をする目的をもつて、日本国政府との協議を開始すべきことを信ずる」との一節が「宣言」に盛り込まれることとなったのである（外務省編『日本外交文書　サンフランシスコ平和条約　対米交渉』二〇〇七）。

このように、講和時において日本側の要請も踏まえて海外における日本人戦没者墓地の取扱いに関する「宣言」が作成されたことにより、その趣旨にそったかたちで「現地埋葬」を骨子とする新たな考え方が検討されたものと考えられる。

日米交渉の開始

硫黄島および沖縄への遺骨調査団派遣が世間を賑わせていた一九五二年三月、GHQから日本政府に宛てて、米国管理下の太平洋諸島における戦没者処理に関して日本側の計画提示を要請する口上書（三月五日付）が発出された。この口上書において米国側は、日本側が戦没者の遺骨を最大限送還するのか、あるいは印《しるし》程度の発掘（only token disinterment）と記念碑の建設を考慮しているのかという点について回答を求めていた。日本側にとってこの米国からの打診は、「当時まだ暗中模索の体であった日本政府を大いに勇気づけ本件促進に一期を画した原動力」になったと受け止められた（アジア五課「米国管理下太平洋八島の遺骨収集送還・慰霊に関する日米間交渉経緯」一九五三年五月）。

この米国側からの打診に対して平和条約発効後の五月中旬、引揚援護庁は「外地残留遺骨の処理について（第一案）」（五月一三日付）を作成した。同案では「外地遺骨の処理に関しては、国内的にも国際的にも、政府として速に政策を樹立し、その実行に移すべき時機に到達している」との認識を示し、戦没者の処理は「日本国政府がその責任において」行うこと、現地では適当な慰霊行事を行うこと、収容遺骨は火葬して記名のある遺品とともに国内に送還しそれ以外は現地に埋葬すること、各島ごとに簡素な「無名戦士の碑標」を建てることなどを計画していた。

この第一案を叩き台として引揚援護庁は、外務省と協議のうえ、より簡潔な「米国管理地域内玉砕地の遺骨処理要領案」（五月二一日付）を作成した。同案では、米国の管理下にある一〇の太平洋諸島（硫黄島・沖縄・サイパン島・テニアン島・グアム島・ペリリュー島・アンガウル島・アッツ島・クウェゼリン島およびブラウン島）において遺骨・遺品の収容処理と慰霊行事を行うことを計画していた。具体的な処理としては、第一案と同様に収容遺骨と氏名判明の遺品の国内への送還、その他の現地埋葬、そして各島ごとに簡素な「無名戦士の碑標」（五月下旬に「無名戦士の墓」に修正された）の建立を想定していた。さらに、送還された遺骨について、氏名判明分は遺族に伝達し、残りは中央に納骨堂を建立して納骨奉祭するとして、のちの千鳥ヶ淵《ちどりがふち》戦没者墓苑の設立につながる考え方もここで示された。同案の概要は、在京米国大使館のコンロイ理事官の督促もあって、五月二〇日、大蔵省の了解のない事務当局の試案として米国側に非公式に提示された。

この新たな方針案で採用された考え方を要約するならば、「内地還送」と「現地埋葬」の折衷案ともいうべきものであった。ここで「内地還送」の原則が復活した要因としては、硫黄島および沖縄への遺骨調査団の派遣を経て、遺骨の収容と国内への送還を求める世論がさらに強まったことが挙げられる。こうした声に後押しされるかたちで衆参両院の本会議では、海外戦没者の遺骨収容および送還に関する決議が相次いで採択された（衆議院は六月一七日、参議院は七月一一日）。その内容は、「（遺骨等が）現状のまま放置されていることは国民感情上忍び難い問題」（衆議院）であり、「政府は万難を排してこれら戦没同胞遺骨の収容、送還並びに慰霊等のため万全の方策を講じ、その実現を図るべき」（参議院）ことを謳ったものであった。

こうした世論を背景に、特に氏名の判明しているものをできる限り収容し、その他は現地にて埋葬するという「折衷案」は、遺骨の収容を切望する遺家族の要望に応え、なおかつ当時の日本において実施可能と考えられた現実的なプランであったといえる。しかし、この「現地埋葬」、すなわち現地に「無名戦士の墓」を建立することを前提とする計画に対しては、外務省内においてこれを否定する考え方が固まりつつあった。

現地における墓の設置は適当でない

一九五二年七月、外務省では、平和条約の「宣言」の成立を踏まえて海外戦没者の処理について国際慣行を参照しつつ研究を進めていたが、その結果、遺骨収容については「早急に実施しなければならない」としながらも、「現地における無名戦士の墓地の設定は適当ではない」との結論が導かれることとなったのである（アジア五課「米国管理下地域の玉砕各島に無名戦士墓地を設定維持する件に対する意見」一九五二年七月一〇日）。

その理由としてまず挙げられたのは、「宣言」に基づく墓地協定を諸外国と締結する場合、英連邦以外の諸国では戦没者のための永久墓地を外国に維持しないことを原則としており、実質的にはほとんど片務的な内容となると考えられた点であった。そのうえで、現実的な問題としてより重要と考えられたのは、①現地住民に与える影響、②日本人の民族感情上の問題、③経済的負担の問題、そして④実際管理上の問題であった（アジア五課

「米国管理地域における戦没者の遺骨等の収集及び送還等に関する件」一九五二年七月一五日）。

それぞれの理由についで詳しくみてみると、まず①現地住民との関係については、「かつての侵略戦争の思出ともなるべきものを残す事となり悪影響を与える憂がある」と考えられた。一方で②日本人の心情的な問題としては、「日本人は古来より骨は故国に埋めるというのが伝統の風習」であり、「外地の人跡稀な土地に墓地を作り葬られる事を真に喜ぶかについては疑問がある」とみていた。そして③経費問題については、海外に墓地等を維持するための経済的負担から得られるものは「精神的慰藉」だけであり、「精神的慰藉については他に方法も考えられる」ことから、「日本経済の実情より判断し右の精神的のものだけに経済的負担を行う」べきかどうかについて疑問を呈した。さらに④実際管理上の問題として、「人跡稀な僻地」に墓地を建設したとしても、当該地には日本人の住民や政府機関がない場合が多く、また相手国が維持・管理を受諾するかについても「甚だ疑問」であることを挙げていた。

この外務省の方針は、大臣・次官の了承事項として引揚援護庁側に伝えられた。そして次官会議了解事項として作成された方針文書（七月二一日付）では、それまでに引揚援護庁が作成していた処理案から「現地埋葬」の部分は削除され、「各島に所要人員を派遣して遺骨遺品を収集し、慰霊の上送還可能のものを送還する」ことのみが記されることとなったのである。

米国の要請

こうして政府の方針は、この段階において「内地還送」の原則、すなわち海外戦没者の遺骨をできるだけ本土へ送還するという方針に再び舵を切りつつあった。しかし、政府が最終的な方針を策定するには、米国側の意向を確認する必要があった。

一九五二年七月一八日、在京米国大使館のコンロイ理事官が外務省を来訪して日本側の計画に対する米国側の見解を伝えたが、その内容は日本側に衝撃を与えた。すなわち米国側は、グアムなど米国が信託統治する太平洋諸島ではすでに遺骨は処理済みであるとして、遺骨が残存していると米側が確認した島々（琉球諸島・小笠原群島・硫黄島・沖《おき》ノ《の》鳥《とり》島・南《みなみ》鳥《とり》島）以外への日本人作業隊の派遣は好まないとの方針を明らかにしたのである。また現地に永久墓地を設定するのではなくすべての遺骨を日本に送還するよう期待していること、後日になって遺家族などが巡礼のために渡航することは許可し難いことなどもあわせて伝えられた。これに対して日本側は、それまでに寄せられていた公式情報をもとに、米国側がいう島々以外に遺骨が残っていないとする点を特に疑問視し、米本国政府に再度照会するよう求めた。

ここにきて米国側が消極的な意向を伝えてきた背景について日本側は、「わが方の計画地域が軍事上の要地であるため派遣団の来訪を好まない」ないことにあるのではないかと推測していた。確かにこれらの太平洋諸島に関して米国は戦時中からその戦略的重要性を認識しており、終戦後は軍事基地化を進めていた。のちに、クウェゼリン・ブラウン両島への派遣が正式に拒絶され、また許可された地域についても日本側による写真撮影を禁止される（代わりに米海軍が撮影）などの制約が付されたのはそうした理由によるものであった。いずれにせよ、この米国側の意向は日本政府において、「当初の好意的態度と比較して甚だ意外」であると受け止められ、「本件計画の進行は米国の意向が再度確認される迄は一応見合わせるのやむを得ない状況」となったのである（「米国管理下太平洋八島の遺骨収集送還・慰霊に関する日米間交渉経緯」）。

その後、日本側が遺家族等による陳情書や国会決議等を提示して遺骨収容の早期実施を働きかけるなかで、米国側からのさらなる回答は同年一〇月に入ってようやくもたらされた。一〇月八日、米国大使館のスティーヴス書記官とコンロイ理事官は外務省の倭島英二《わじまえいじ》アジア局長を往訪し、米国政府の訓令に基づく口上書を手交した。

この口上書で米国側は、日本側の要請を受け入れて対象地域を拡大し、アウンガウル島・グアム島・硫黄島・南鳥島・沖縄・沖ノ鳥島・サイパン島・ウェーク島・アッツ島へ遺骨収容のための公式使節団を派遣することを容認した。そして、氏名の判別しうる遺骨の発掘・送還と慰霊行事の挙行および小規模な碑の建立を認めた。しかし一方で、「戦斗の終熄以来七ケ年を経過した今日においては、遺骨は極度に風化し従って多くの場合氏名の判別は極めて困難であり且つ不可能に近い事は明瞭である」として、各地において一部の遺骨を「印迄《しるしまで》」に収容する（only token disinterment）以外にいたし方ないと告げた。そしてさらに、各島一回の派遣をもってこれら地域の「全般的送還計画を完遂するよう要請」したのである。この米国提案は、日本側に決断を迫ることとなった。

「印的発掘」の容認

ここで米国側から提案された方式は、この時点で日本側が立案していた「内地還送」方針とは相容れないものであった。しかし、「印迄」の遺骨収容（only token disinterment）というフレーズは、硫黄島への調査団派遣時や日米交渉の開始を告げた一九五二年三月五日付口上書でも使用されており、まったく目新しいものというわけでもなかった。この口上書に接した岡崎勝男《おかざきかつお》外相は、「至急厚生省等関係省方面ト連携シ具体案ヲ早速作成ノコト」との指示を出して迅速な対応を促し、翌九日には引揚援護庁と外務省の担当者が集まって対応を協議した。

この協議の席上、倭島アジア局長は、遺骨の収容は「型ばかりの程度」にとどめ、「今回は米側のいう島だけ」にし、「将来事情が許すようになった時は他の島にも行きたいと二段構えにする」と述べて、米国の要請に沿うことで計画を早期に実施すべきとの考えを表明した。これに対して引揚援護庁側も、「遺骨の発掘は実際的見地から慰霊行事に重点を置くことに思想が変ってきている」ことを指摘し、米国側の意向どおり「印的発掘でよいと思う」と応じた。この結論を受けて和田《わだ》周作《しゅうさく》アジア五課長は、同日米国大使館を往訪し、「日本側にても遺骨収集は『印的発掘』にし慰霊行事に重点をおいて実施するよう計画している」旨を伝え、米国側はこれに満足の意を表することとなったのである（アジア五課長「米国管理下の太平洋地域の遺骨収集の件」一九五二年一〇月九日）。

こうして「印的発掘」という考え方が政府の方針として取り入れられることとなった。この方針に基づいて引揚援護庁が作成した遺骨収容計画は、一〇月二〇日、大蔵省の了解を得たうえで正式に米国側に伝えられた。そこでは、米国側の好意的配慮に謝意を表するとともに、米国側の要請に沿うかたちの要領で当該地域に存在する遺骨の送還と慰霊行事を実施することが明記された。他方、今回の計画からもれた地域に関しては、「将来事情が許すに至った際に更に米国政府の好意的御考慮をお願いしたい」として、将来的な遺骨収容の実施にも含みを残した。そして一〇月二三日、「各島を巡回して遺骨を収集し、慰霊の上送還可能のものを送還する」との原則のもと、米国管理下の太平洋諸島へ初めての「遺骨収集団」が派遣されることについて閣議了解（「米国管理地域における戦没者の遺骨の送還、慰霊等に関する件」）が得られることとなった。またこの閣議了解においては、持ち帰った遺骨等について氏名の判明するものは遺族に交付し、残りは「国において納骨堂を建てて納骨することを建前とする」との方針も盛り込まれた。この閣議了解は今日に至るまでの政府による遺骨収容の指針となった。

その後一〇月末から一一月にかけて、外務省内においては米国管理地域以外の海外戦没者の遺骨および墓地の処理方針に関して改めて協議が行われ、一一月二九日に基本方針が策定された（「外地にある遺骨、墓地の処理方針と実施要領に関する件」）。そこでは、「わが国の国民感情、国力、相手国の情況等より勘案して、戦没者の遺骨は、原則として全部内地に送還する」として「内地還送」の原則を掲げながらも、実際の処理としては、「旧戦場に放置せられている遺骨或いは仮埋葬してある遺骨については慰霊行事に重点を置き、現実の発掘、収集等は実施可能の範囲にとどめる」として、米国との交渉の過程で生じた「印的発掘」の方針が継承された。また「現地埋葬」に関しては、「遺骨を埋葬する永久墓地は、原則として外地には設置しない」こととされた。この決定を踏まえて一二月九日、外務省はアジア各国の在外公館に対して戦没者の遺骨と墓地に関する調査を訓令し、他方、米国に対しては同国領域内に日本人戦没者の墓地を維持しない旨を通告した。

象徴遺骨の収容へ

このように、遺骨収集団の派遣をめぐる米国との交渉過程において海外戦没者処理に関する日本政府の方針は、当初の「内地還送」の原則から米国側の要請により最終的には「印的発掘」へと変容することとなった。

日本国内の議論において、それまで「印的発掘」に類似した考え方がまったくなかったというわけではない。平和条約調印後の国会答弁において引揚援護庁の当局者が、「野ざらし」状態の遺骨を「全部を持ち帰る」ことは「とうていできない」が「なし得る範囲で代表的なもの」を持ち帰り、それ以外は「現地でなし得る限りの手厚い方法で葬る」との考え方を示していたことはその一例である（衆議院外務委員会、一九五一年一一月二日）。これは、当時引揚援護庁にて検討されていた「現地埋葬」方式の背景をなす認識であったといえる。しかし、一九五二年一〇月に米国から「印的発掘」方式が提案された際、日本側の方針は「内地還送」に傾きつつあったのであり、その意味でこの方式を容認したことは、遺骨収容の早期実現を求める国内世論の圧力と米国の要請との狭間で下された苦渋の選択であったともいえよう。

とはいえ、このときすでに外務省が「現地埋葬」を否定する結論を下していたことにより、結果として「印的発掘」から漏れた大多数の遺骨の処理が宙に浮くこととなった。この問題を解消するための論理として浮上したのが、現地における慰霊行事の実施を重視するという考え方であった。米国から「印的発掘」方式が提案されて以降の日本政府内の議論で強調されたように、政府としては現地における具体的な作業の力点を「現地慰霊」へとシフトさせることで、「印的発掘」の実施と「現地埋葬」の否定から生じた矛盾を解消し、遺骨の帰りを待つ遺家族たちを納得させようとしたのである。「遺骨収集団」の派遣に際して木村忠二郎引揚援護庁長官が、派遣先の各島における行動について「現地における慰霊を主として行いますがもち論できる限り多数の遺骨を内地にお迎えするよう努力をいたしたい」との談話（一九五三年一月一九日）を発表したことは、まさにそのあらわれであった。

その後一九五〇年代にわたって実施された政府の遺骨収容計画では、この日米交渉の経験がモデルとなり、日本政府の方針として「印的発掘」方式が継承された。一九五四年七月に厚生省が策定した南方地域全般における遺骨収容の実施要綱（「海外戦没者遺骨の収集等に関する実施要綱」七月六日）では、玉砕地等において「氏名の判明するものはその全部を内還する」との「内地還送」の原則を掲げながらも、「氏名が判明しないものはその一部を当該地点における氏名不分明な戦没者遺骨の表徴として内還する」ことが明記された。そしてこれ以後「印的発掘」方式によって国内に送還された遺骨は「象徴遺骨」と呼ばれるようになり、一九五〇年代において南方の主な旧戦域への「遺骨収集団」の派遣がひととおり終了した段階で、「象徴遺骨」の収容は「一応終了」したとみなされることとなったのである。

一九五〇年代「遺骨収集団」の派遣

派遣をめぐる交渉

アジアの一員として

戦後日本における本格的な海外戦没者処理は、一九五二年四月、サンフランシスコ平和条約の発効により連合国による占領が終了し、日本がアジア太平洋地域へと復帰する過程とともに展開した。これまでみてきたように、同年三月に開始された「遺骨収集団」派遣をめぐる日米交渉により、遺骨の「印《しるし》的発掘」、すなわち「象徴遺骨」の収容方針が採用されることになり、日本はまず一九五三年に米国管理下にある太平洋諸島へ「収集団」を派遣した。

周知のとおり日本占領は実質的に米国が担っていたのであり、占領中から海外戦没者処理をめぐってGHQとの間で議論が行われ、硫黄島や沖縄へ遺骨調査団が派遣されていたことを考えると、まず米国との間で交渉が開始され、米国管理地域へ「遺骨収集団」の第一陣が派遣されたことは、ある意味自然の成り行きであった。しかし、アジア太平洋戦争において戦場となった地域は非常に広大で、米国以外の地域で遺骨収容計画を進めるにあたっては、当該地域を統治している諸国との間で交渉を行い、「収集団」の派遣を認めてもらう必要があった。

一九五〇年代において「収集団」の派遣対象となったのは次の地域である（括弧内は所管国）。

東部ニューギニア・ソロモン諸島方面（英国・オーストラリア）
ビルマ・インド方面
西部ニューギニア・ボルネオ方面（英国・オランダ・インドネシア）
フィリピン方面

これらの地域は、一九五四年七月に厚生省が策定した「海外戦没者遺骨の収集等に関する実施要綱」において「いわゆる玉砕地等であつて、戦没者の死体を収容することができなかつた地域」として設定された地域である。同要綱は未帰還遺骨の収容と送還について、「関係遺族の切望」するところであり、「わが国一般の慣行上」および「戦後処理の早急完結」の観点から「緊要な問題」であると位置づけた。そのうえで冷戦により交渉が困難と考えられた中国およびソ連地域は将来の問題として先送りにすることとし、優先的に「収集団」を派遣する地域として「玉砕地等」を設定したのである。

これらの地域を所管する諸国のうち、サンフランシスコ平和条約に参加したのは英国・オーストラリア・オランダおよびフィリピンであった。そのうち英国およびオランダとの交渉は比較的スムーズに行われたが、戦争により対日感情が悪化していたオーストラリアおよびフィリピンとの交渉は当初より難航が予想された。両国とも平和条約に参加はしたものの、日本の軍国主義の復活を警戒して寛容な性格の平和条約に反発し、条約調印の直前には米国との間に安全保障条約を締結していた（ANZUS《アンザス》条約および米比相互防衛条約）。また、日本とフィリピンとの間では賠償問題が積み残しの課題となっていた。

一方、ビルマ（現在のミャンマー）とインドは講和会議に招待はされたものの会議への参加を拒絶していた。またインドネシアは平和条約に署名はしたが、国内の反対により批准されなかった。したがって、ビルマおよびインドネシアとは、遺骨収容について交渉する以前に、まず平和条約を締結（国交関係を樹立）し、さらに賠償問題も解決しなければならなかった（インドとは一九五二年六月に日印平和条約を調印）。

このように、これらの地域に「遺骨収集団」を派遣するにあたっては、まず当該地域諸国との間で賠償を中心とする戦後処理問題を解決する必要があった。一九五〇年代において日本は、経済自立と経済復興を達成するために米国の援助のもとで東南アジア地域へ進出し、また「アジアの一員」としての立場を堅持することを外交原則の一つに設定したが、「遺骨収集団」派遣交渉の背景として各国との間で戦後処理のための交渉が行われていたことを理解しておく必要がある。

英豪との交渉

米国管理地域に続く「遺骨収集団」の派遣対象地域と目されたのは、アジア太平洋戦争の転機となった激戦地・ガダルカナル島を含む東部ニューギニアおよびソロモン諸島方面であった。同方面の戦没者数は約二四万六〇〇〇人であり、これらの地域は当時英国およびオーストラリアの管轄下にあった。

ソロモン諸島を植民地とする英国に対しては一九五三年七月、「収集団」の派遣について打診し、同年一二月、日本側の計画に原則的に同意するという回答が寄せられた。一方、東部ニューギニアなど対象地域の大部分を国連信託統治の施政権者として管轄するオーストラリアとの交渉はなかなか開始されなかった。その原因となったのは、豪近海のアラフラ海における真珠貝漁業をめぐる日豪漁業交渉の行き詰まりであった。

真珠貝漁業をめぐっては一九五三年四月から交渉が行われていたが、操業区域と採取量をめぐって日豪は対立し、同年九月にはいったん決裂するに至った。そうした状況を受けて外務省は次のような理由を挙げて、この段階で遺骨収容問題について豪側に申し入れることは「適当でない」という立場をとることとなった。すなわち、豪側にとって漁業交渉における対立は単に漁業上の考慮からのみではなく、国防上の考慮、すなわち日本側のスパイ行為等に対する警戒の念が強い。そうした状況において遺骨収容問題を持ち出すことは「別の方法によるスパイ活動」ととられる恐れがあり、豪側の「猜疑の念」をいっそう深くさせ、「無用の誤解」を招くというのである（欧米局第三課長覚書、一九五三年九月一二日）。

しかし、「収集団」派遣の費用対効果に鑑みて英豪地域の一体的な遺骨処理を希望する引揚援護庁は、外務省に対して再三にわたって再考を要請した。これに対して外務省は、一九五四年四月に入って、オーストラリア政府との交渉を開始する方針に転じることとなった。すなわちこの時期になると、争点であった漁業問題について「国際司法裁判所に求める建前につき豪側が同意」したという状況の変化があり、遺骨収容問題に関して申し入れることは可能と判断されたのである（「濠州領地域における日本人戦没者遺骨の収集等に関する件」一九五四年四月六日）。そのうえで、五月下旬にオーストラリアで予定されていた総選挙に悪影響をおよぼさないように配慮して交渉を進めるとの方針がとられたことは、日本政府がオーストラリアの対日感情にきわめて敏感であったことを物語っていた。

こうした経緯を踏まえて、一九五四年四月一二日、外務省は豪側に対して「遺骨収集団」の派遣について申し入れた。その際、派遣にあたっては「いやしくもオーストラリア国民の懸念と誤解を招くことのなきよう」に豪側と緊密に協力する旨が申し添えられた。こうして英豪両国政府との間で「収集団」派遣に向けた具体的な交渉が前進することとなった。

すでに原則的な合意を得ている英国との交渉はその後も滞りなく進展したが、英国側は、現地住民の対日感情が良好ではない点を指摘し、現地当局の注意と指示に厳格に従うことを条件とすることなど、日本側の配慮を求めた。

「微妙な問題」を乗り越えて

一方、オーストラリア側からはなかなか回答が寄せられなかった。西春彦《にしはるひこ》駐豪大使からは、遺骨収容問題は豪側にとって「touchy problem（微妙な問題）」として受け止められ、豪政府において慎重に検討されている状況が伝えられた（西大使より岡崎外相宛公信豪六二三号、一九五四年一一月一六日付）。

たび重なる日本側からの要請に対して、一一月二四日、ケーシー豪外相はようやく日本側の申し入れに対して原則的に同意する旨の声明を発表した。しかしこのことが報道されると、オーストラリア国内からは強く反発する声が高まった。この状況に対して西大使は、同月二八日、オーストラリアは英米とは事情が異なり現地感情を相当考慮する必要があるとして、「我方より進んで既定の計画を更に最小限度削減」することについて至急申し出ることが適当との意見具申を行っている（西大使より岡崎外相宛電報第二六九号・第二七〇号、一九五四年一一月二八日）。しかし日本政府は、既存の計画がすでに最小限度のものであるとして、豪側の指示には従いつつも、当初の計画どおりに実施することを改めて確認した。

さらに、あとで詳しくみるように、「収集団」の出発直前になって現地に建立予定の「戦没日本人之碑」に刻まれた文言も問題となり、日本側は最終的に豪側の修正要求を受け入れて急遽碑文を彫り直すこととなった。こうした紆余曲折を経て一九五五年一月一二日、派遣団員一九名（団長・白井《しらい》儀十郎《ぎじゅうろう》）が乗船した大成丸が東京竹芝桟橋を出港した。一行はガダルカナル島・ニューブリテン島・ブーゲンビル島・東部ニューギニア等で計五八八九柱の遺骨を収容し、三月一八日に帰港した。

このように東部ニューギニア・ソロモン諸島方面への「遺骨収集団」の派遣に際しては、オーストラリアとの関係において漁業問題という外交上の理由により、大局的な観点から交渉の遅延を余儀なくされた。しかしいったん事態が動き出すと、日本側も遺骨収容問題がオーストラリア国内で政治問題化しないように配慮を示し、豪政府もこれに応えることとなった。派遣団に同行した外務省の担当官は、出発前オーストラリアはかつての敵国であり現地で豪側の協力を得られるか「危惧の念」を持っていたが、実際には「英濠両現地官憲の誠意溢れる積極的な協力援助」があり、特にオーストラリアは「大いに誠意を披瀝し以て日濠国交親善を図らんとする政策的意図のあることが充分覗うことができた」と報告している（「南東方面英濠地域戦没者の遺骨送還及び追悼派遣団に関する報告（復命書）」）。

戦後、再軍備問題などをめぐって特にオーストラリアの日本に対する不信感は根強く、遺骨収容問題は戦争の記憶を蘇らせ両者をより険悪にしかねない要素をはらんでいたが、政府レベルにおいては結果として相互理解を促す一つの契機になったともいえる。

ビルマ・インド方面への関心の高まり

東部ニューギニア・ソロモン諸島方面に続いて遺骨収容の対象地域と目されたのはビルマ・インド方面であった。インパール作戦などで多数の死者を出した同方面における戦没者数は約一六万七〇〇〇人で、そのうち八万七〇〇〇柱余りの遺骨が未収容であると考えられていた。

日本政府が本格的に同方面への「遺骨収集団」派遣に向けて動き出したきっかけは、一九五五年四月にインドネシアのバンドンで開催された第一回アジア・アフリカ会議（バンドン会議）に参加した旧日本軍人が、帰国の途上、ビルマの反政府軍や赤十字社幹部らと遺骨収容に関する協力について協議してきたことにあった。そこで得られた情報をもとに五月二四日の衆議院の特別委員会でこの問題が取り上げられ、高岡大輔《たかおかだいすけ》委員長らが中心となって同方面における遺骨収容を具体化させる運動が高まったのである。

五月二八日に開かれた「遺骨収集団」派遣準備のための打合せ会には、高岡委員長をはじめとする国会議員、厚生省援護局や外務省などの政府関係者、日本赤十字社、遺族会関係者、宗教関係者など二〇人が集まった。出席者からは、同年七月に訪日予定のビルマのウ・ヌー首相から協力を得ること、主要激戦地における「忠霊塔」等の建立、遺骨収容が不可能な場合には「土」だけでも持ち帰りたいことなどの要望が出された。そして六月一一日には、首相官邸において、川崎秀二《かわさきひでじ》厚相以下衆参両院議長・各党代表議員・遺族会・アジア協会その他関係者約一五〇人が参集して「ビルマ戦没者慰霊会」の設立準備会が開かれた。同会では、ウ・ヌー首相来日時に遺骨収容の実現について陳情すること、また地方公共団体の参加を呼びかけ全国規模の運動に展開することなどが決議された。

ビルマ・インド方面における遺骨収容問題への関心が急速に高まった状況に対して外務省は、この問題を「政治的に利用」したり、あるいは「遺骨収集に便乗してビルマに事業の足場を作る」ことを考えたりしている者がみられる点を問題視し、「警戒してかかる要あり」との冷静な見方を示していた（「ビルマよりの遺骨収集に関する件」一九五五年五月三一日）。とはいえ、「政治的背景」と「事業の性質」からみて、「これをネグレクトするわけにも行かない」というのが事務当局としての複雑な心境であった。したがって、雑多な諸団体が事業計画に遺骨収容を盛り込み、「美名にかくれて、色々画策すること」を防止する意味からも、「徒らに国内の宣伝的効果をねらうお祭り騒ぎ」ではなく、「地道な実施計画」について政府として早急に検討すべきというのが外務省の立場であった。

ビルマ・インドとの交渉

ビルマとの間には一九五四年一一月に平和条約および賠償協定が成立し、外交関係が正式に樹立していた。これは、二国間交渉による賠償協定としては初めてのケースであり、同国との交渉を進めるにあたって、外交上の障害が取り除かれつつある状況にあった。

一九五五年七月に来日したウ・ヌー首相は日本側の要請に協力を約束する発言をしたと伝えられ、九月にビルマを訪問した高岡委員長が同首相から「遺骨収集団」のビルマ入国について内諾を得るなど、ビルマ側の反応も悪くはなかった。そこで外務省は一〇月上旬、ビルマ政府と、ビルマに隣接するインパール地方を管轄するインド政府に対して「遺骨収集団」の派遣を申し入れた。

ところがその後、厚生省は現地の治安状況や交通事情などに関する情報に基づいて「大量の遺骨収集は困難」と認識し、それを前提に計画を修正した。ただしその際、「収集遺骨が少数のため遺族の期待を裏切る」ことがないように、現地では追悼行事に重点を置き、遺骨収容が困難な地点では「ゆかりの砂」を持ち帰るなどの「融通性」のある方法をとり、同時にビルマ側に不快感を与えないように留意することとした。外務省はこの修正計画に基づいて、一九五五年一一月二一日、ビルマとインド政府に対して改めて申し入れを行った。

ビルマ側からは、「収集団」の派遣自体についてはすでに一〇月二一日に原則として異議なき旨の回答がもたらされていたが、修正された計画に対しては同年末になってもビルマ・インド両政府から正式な回答が届かなかった。年が明けて一九五六年一月二四日に「収集団」の先発隊が出発し、二六日からは現地にてビルマの関係各省と交渉を開始したが、ビルマ側ではこの問題について十分に検討していた様子はみられず、先発隊との交渉でようやく事態が動き出す状況であった。結局、現地での交渉を経て、二月一日、ビルマ政府は戦没者遺族に対して深い同情を寄せるとともに、「収集団」の受け入れを正式に許可した。

一方、インド政府との交渉も難航した。インド政府からは地域を限定するならば日本側の計画に異存はないとの回答を一月中に得ていたが、「収集団」本隊の出発後になって、インパール地方の治安悪化のため「収集団」の訪問を見合わせてほしいとの通知が届けられた（吉沢《よしざわ》清次郎《せいじろう》駐インド大使より重光《しげみつ》葵《まもる》外相宛電報第四〇号、一九五六年二月九日）。これに対して日本側は、「この機会に是非ともインパール方面戦没者約一万四千二百名の遺族の切なる願望に応えたい」として、少なくともインパールを訪問し、追悼行事だけでも行いたいとの希望を伝えた。結局インド政府は、治安の問題により遺骨収容は不可能であるが、追悼行事については認めることとなった。

「収集団」本隊は二月六日に羽田を出発し空路ビルマへ向かった。団員は美山要蔵団長（引揚援護局次長）以下政府職員六名・戦没者遺族四名・宗教代表者二名の計一二名で構成された。ラングーン（現在のヤンゴン）到着後は本隊・ラシオ班・ティディム班・インパール班の四班に分かれて収骨作業と追悼行事にあたり、収容された遺骨は全部で一三五一柱（身元の判明は八六柱）であった。一行は三月一五日に帰国した。

英蘭との交渉

西部ニューギニア・ボルネオ・モルッカ諸島方面について厚生省は、基礎調査と外交交渉に長期間要することを予想していた。そこで同省は、一九五五年八月二九日、ビルマ・インドとの交渉と並行して、これらの地域を管轄する政府と速やかに交渉を開始するよう外務省に対して要請した。

交渉の対象となったのは、英国（北ボルネオ）・オランダ（西部ニューギニア）・インドネシア（南ボルネオ・モルッカ諸島）の各国政府であった。オランダに対しては、すでに一九五二年末の段階で西部ニューギニアへの「遺骨収集団」派遣について打診していた経緯があり（その後同地域が計画から除外されたため撤回）、一九五五年一〇月に改めて日本側の計画を通知すると、オランダ政府はその一週間後には原則同意の意向を伝えてきた。

英国に対しては同年九月に計画を通知し、英国側は翌一九五六年一月に原則同意の旨を回答した。ただし、前回のソロモン諸島への派遣交渉時と同様に現地住民に悪感情を生じさせないよう事前に詳細に情報提供すべきことなどが伝えられ、特に派遣団員について制服の着用禁止や戦没者の遺族を含めないことなどの条件が付された。

このように、オランダと英国からは早々に好意的回答が寄せられ、厚生省は具体的計画の準備を進めた。計画では、派遣時期は一九五六年六月から八月頃を予定していた。しかし、もう一つの交渉相手国であるインドネシア政府からは、一九五五年一〇月以降、数度にわたって派遣許可を要請したにもかかわらず、なかなか回答がもたらされなかった。

インドネシアとの交渉

厚生省は、「今回インドネシア地域が除外されれば、将来同地域のみにかかる派遣団を送ることは困難」とみていた。したがって一九五六年四月、派遣予定日が切迫している関係から、インドネシア政府からの回答の有無にかかわらず準備を進め、五月末までに回答がない場合には対象地域から除外するとの方針を外務省に通知した。これを受けて外務省は五月八日、ジャカルタの鶴見清彦《つるみきよひこ》総領事代理に対して至急インドネシア政府の承認を取りつけるよう命じた。

インドネシア政府からは、五月一八日になって、参加人数を削減し、滞在期間を最小限に短縮するなどの条件を付したうえで日本側の計画に原則的に同意するという回答がいったんもたらされた。しかしその後、「収集団」出発直前に鶴見総領事代理から届いた電報（一九五六年六月一四日）は、日本政府を大いに困惑させた。すなわち、「収集団」が乗船する大成丸の来航についてインドネシア国防省が異議を唱えたというのである。大成丸は運輸省航海訓練所に所属する練習船で、航空機を利用したビルマ・インド方面を除いて、それまでも「収集団」の派遣には経費節減の観点から同訓練所に所属する練習船が利用されていた。外務省は、すでに出発予定日が差し迫っており、計画の実現もさることながら、この問題で日本の世論がインドネシアに対して与える心理的影響を憂慮して同国政府の再考を促した（重光外相より鶴見駐ジャカルタ総領事代理宛電報第八一号、六月一五日）。

しかしインドネシア側は、「日本の船が多数の人員と共に住民の前に現れることが住民に及ぼす心理的反響」を反対の理由に挙げており、「再考の余地なし」とのことであった。この点に関し鶴見も「遺憾ながら先方の態度を変更せしむることは不可能と考えられる」との見方を示した（鶴見駐ジャカルタ総領事代理より重光外相宛電報第八四号、六月一六日）。そのうえでインドネシア政府は、遺骨の収容自体には原則的に賛成しているとして航空機での来訪を提案したが、日本側としてはすでに計画の変更は不可能であった。その後、日本側は最小限度の範囲でも追悼行事を行いたいとの希望を伝えたが、給油のための入港は許可されたものの、その際に団員が下船して追悼行事などを行うことについては、最後まで同意を得られなかった。

こうした紆余曲折を経て一六名からなる「遺骨収集団」（団長・鹿江《しかえ》隆《たかし》）は、六月二〇日に東京晴海桟橋を出港し、八月二三日に帰港した。インドネシア領域内では、沿岸で洋上慰霊が行われ、給油のために立ち寄ったバリクパパンでは接岸した船上で追悼行事が行われた。

帰国後に外務省の担当官が作成した報告書は、インドネシア政府が「収集団」の来訪に難色を示した理由について「中央政府の威令が行われにくい僻地において多数外国人の上陸による不祥事の発生を参謀本部辺りで懸念した」ことを挙げる一方で、インドネシアとの「正式国交が未開設であることが影響した」とも推測している（アジア局第三課「西ニューギニア及び北部ボルネオ方面戦没者遺骨収集出張報告」一九五六年一〇月）。前述したように、インドネシアはサンフランシスコ平和条約に署名はしたものの批准しなかったため、「収集団」が派遣された時点において日本とインドネシアとの間には国交が樹立されていなかった。

そうした状況のもとで「遺骨収集団」の派遣を実現することの困難さは、日本政府も十分認識していたように思われる。「収集団」の派遣と前後して在スマトラ日本人会が同地所在の日本人墓地の改修を現地公館に陳情し、鶴見総領事代理も「国として補助してはいかゞかと思われる」と具申したことがあった。これに対して外務本省は、「希望は了解し得」るが、「現在の日イ（インドネシア）関係にかんがみて不適当」であり、「この際改修計画を暫く見送り、正常国交回復後、適当な機会において更に現実的な計画」を立てるべきであると回訓している（重光外相より鶴見駐ジャカルタ総領事宛公信亜三第一一六号、一九五六年六月二九日付）。戦前から存在する日本人墓地の整備ひとつをとっても、両国にとっては「微妙な問題」であった。

このように、賠償問題の未解決と外交関係の未設定は海外戦没者の処理問題にも影響を与えており、前述のビルマと後述のフィリピンはこの問題が解決していたからこそ「収集団」の派遣が実現したのだともいえる。そして実際、一九五八年一月に平和条約および賠償協定が調印された後になって、インドネシア政府は戦犯等の遺骨送還を許可するようになるのである（一九六四年から一九六五年にかけて実施）。

フィリピンとの交渉

一九五〇年代における「遺骨収集団」派遣の最後の対象地域となったのがフィリピンであった。同地の戦没者は約五二万人と地域別では最も多く、政府の計画においてフィリピンは当初より対象地域と目されていた。しかし、同国における強い反日感情と賠償問題は、計画実施の障害となっていた。

一九五六年五月に賠償協定が締結されると、厚生省はこの機会をとらえてフィリピン方面へ「収集団」を派遣したいとの意向を外務省に伝えた。外務省は同年八月、フィリピン政府に対して「収集団」派遣の可否、入国可能な時期、入国者の要件などに関して打診した。こうした政府の動きに呼応して、同年一一月、旧陸海軍の関係者が参集して政府による遺骨収容の取り組みに協力することを目的とする「日比戦病没英霊奉賛並遺骨収集促進会」（会長・東久邇稔彦《ひがしくになるひこ》元首相）が結成されるなど、国内における機運も高まった。

フィリピン政府からは一九五七年一月、「収集団」の来訪を原則許可する旨の回答があった。その際、発掘された遺骨の死亡登録や移転許可を要することなどが条件として提示されたが、これは実際問題として実施不可能であると考えられたことから、日本側は特別な便宜措置が得られるように改めてフィリピン側に要請し、最終的に認められた。

派遣準備を進めるにあたって、日本側にとって現地の住民感情が最大の懸念材料であった。湯川盛夫《ゆかわもりお》駐フィリピン大使は、同国の治安は比較的安定してはいるものの「一般の対日感情そのものが必ずしも良好ではなく、遺骨収集作業によりあるいは往時の惨禍の記憶が蘇えることなしと保障し難」いとして、「収集団」の派遣にあたっては護衛措置をとる必要があると指摘した（湯川駐フィリピン大使より藤山外相宛電報第四六一号、一九五七年一一月三〇日）。特にフィリピン側を刺激しないように、「できるだけパブリシティーを与えず、地味に取進める心がけが肝要」であることをうったえた（同第一五号、一九五八年一月一四日）。湯川大使は一九五七年七月にマニラで大使主催の追悼行事を挙行したが、その際、現地の新聞や一般大衆が「極めて冷淡」だったという「苦い経験」があった。

一八名からなる「遺骨収集団」（団長・稲葉《いなば》柾《まさき》）は一九五八年一月二〇日、航海訓練所所属の銀河丸で東京港を出発した。「収集団」の来訪に際してフィリピンのガルシア大統領は、「死者には栄誉が与えられるべき」であり、「死者を弔うという共通の感情の前に、あらゆる困難が克服されて、この遺骨収集団のフィリピン訪問の実現したことは、喜びに堪えない」として、両国の「友好促進」のためフィリピン国民に対し協力を呼びかけるメッセージを出した。この大統領メッセージに象徴されるように、実際に現地では「収集団」に対して税関における便宜や安全保護措置など、フィリピン政府当局の「好意的配慮」が随所でみられた。

「収集団」は、ルソン島の各地区を陸路移動するルソン班と、ビザヤ地区（ルソン島とミンダナオ島の中間にある島々）およびミンダナオ島を銀河丸でめぐるビザヤ班に分かれて収骨作業と追悼行事を行い、収容された二五六一柱の遺骨とともに、三月一一日に帰国した。派遣団の報告書によれば、現地官民はみな協力的であったとされ、また同行した記者は「現地大使館筋が考えていた対日感情の悪化というようなこととは全く逆な結果を生んだ」と報告している（『読売新聞』一九五八年三月八日付夕刊）。もちろんこれらは一面的な見方ではあるが、フィリピン側の対応が当初予想した以上に好意的であったこともまた事実だったといえよう。

象徴遺骨の収容

このような紆余曲折の交渉を経て一九五〇年代に派遣された「遺骨収集団」が持ち帰ってきた海外戦没者の遺骨は、各方面を合計して約一万一〇〇〇柱であった。すでにみたように、一九五二年の段階で南方地域に残存していると想定された未帰還遺骨数が八〇万柱以上であったことを考えると、回収率は一％強に過ぎなかった（表6）。

風化の壁

このあまりに少ないようにも思える収容遺骨数について、遺骨を「印程度」に発掘して持ち帰るという「象徴遺骨」の収容方針だけにその理由を求めることはできないだろう。「収集団」の派遣にあたって政府当局は、各地域に残存している遺体や遺骨の状況について、当該地域の状況をよく知る旧軍人などから可能なかぎりの情報を集め、短い期間でも

表6　政府による「遺骨収集」の実施状況（「第1次計画」）

地域	実施時期	収骨柱数
硫黄島	1952.1-3	38
沖縄	1952.3-4	
太平洋諸島（8島）	1953.1-3	440
アラスカ	1953.7	236
アッツ島	1953.7	82
ソロモン諸島 東部ニューギニア	1955.1-3	5,889
マライ シンガポール	1955.3-4	162
ビルマ インド	1956.2-3	1,351
西部ニューギニア 北ボルネオ	1956.6-8	599
フィリピン	1958.1-3	2,561
インドネシア	1964.12-65.2	140
香港 ストンカッタース島	1966.5	150
	合　計	11,648

厚生省社会・援護局援護50年史編集委員会監修『援護50年史』p. 528より作成.

最大限効率的に収容作業を行い得るように準備を整えていた。また少ない日数と人員体制であったとはいえ、派遣団員もまた一体でも多くの遺体や遺骨を発見すべく、ジャングルを切り進み、また洞窟の奥深くに潜入して捜索・収容作業を行った。

しかし、最大の難敵として「収集団」一行に立ちはだかったのが「風化の壁」であった。終戦から一〇年近くを経過した段階において、すでに遺体・遺骨の発見は想像以上に困難な状況に陥っていた。旧軍人の記憶をたどって事前に作成していた地図と現地の風景とはもはや大きく異なってしまっており、結局役に立たないことも少なくなかった。

こうした状況のもと、一九五〇年代において「収集団」一行は現地で実際にどのような活動を行っていたのか。ここでは、現地での遺骨収容作業の状況について概観し、各方面ごとの特徴をとらえていきたい。

太平洋諸島の収容状況

米国管理下にある太平洋諸島へ派遣された最初の「遺骨収集団」は、一九五三年一月三一日、運輸省航海訓練所所属の練習船日本丸で東京港竹芝桟橋を出発し、南鳥島・ウェーク島・サイパン島・テニアン島・グアム島・アンガウル島・ペリリュー島・硫黄島の八つの島をめぐって三月一九日に帰港した。各島の滞在はそれぞれ一～三日程度と非常に短期間であり、約五〇日間にわたる派遣期間のほとんどは、広大な太平洋の航海に費やされた。このとき収容された遺骨は全部で四四〇柱と推計されるが、島によって作業や遺体の状況は異なっていた。

「収集団」一行が最初に上陸した南鳥島は、戦時中、米軍の激しい空爆と艦砲射撃にさらされ、日本軍は補給途絶による飢餓と栄養失調などにより多くの戦没者を出した。しかし、同島では終戦時まで守備部隊が健在で、復員時にほとんどすべての遺骨が持ち帰られていた。したがって同島における遺骨収容は、旧海軍警備隊が建立した「忠魂碑」（昭和一七年六月四日町田隊建之）跡で数片の遺骨を収容する程度で終了した。

次の渡航先であるウェーク島も南鳥島と同様に、米軍の上陸こそなかったものの多くの餓死者を出した。同島に関しては事前に埋葬情報（一八九三体）を得ており、一行は埋葬の目印となっていた墓標や花を供えるための空ビンを手掛かりに約五〇か所の発掘作業を行ったが、収容し得た遺体は約二〇体に過ぎなかった。実は同島は前年九月に猛烈な台風に襲われ、島内の施設の大半が倒壊するなど甚大な被害を受けており、そのため墓標や空ビンの位置も大きく移動してしまっていたようである（図10）。

続いて一行が向かったマリアナ諸島（サイパン・テニアン・グアム）と西カロリン諸島（アンガウル・ペリリュー）は、一九四四年六月以降、米軍上陸による激しい戦闘の結果、日本の守備部隊のほとんどが全滅した地域であった。特にマリアナ諸島では民間の在留邦人にも多数の死者を出した。

これらの諸島のうち、テニアンとペリリューの両島ではおもにジャングルや洞窟内での捜索が行われたが、「地表面に露出している遺骨があまりに多く、全部を収容して持ちかえることができなかった」という。したがって、頭蓋骨だけを収容して残りは適当な地点に集めてその場で拝礼し、そのまま現地に残してきたものも少なくなかった。このことは帰国後派遣団員の「心のこり」になっていると『続・引揚援護の記録』は記している。

図10　ウェーク島での慰霊祭（毎日新聞社提供）

一方、サイパン島・グアム島・アンガウル島では、事前に得ていた戦没者の埋葬情報に基づいて、日本人墓地の発掘を中心に作業が行われた。発掘作業は主として派遣団員が乗船した日本丸の乗組員と実習生によって行われたが、太陽が照りつけるなかでの作業は過酷なものとなった。特にグアム島では土質が粘土質であったために作業は難航し、のべ一〇〇人の作業員が七時間の作業で発掘できた墓はわずかに二〇か所であった（『続・引揚援護の記録』）。そうしたなか、アンガウル島には戦後に設立された燐鉱《りんこう》開発株式会社の従業員として四〇〇人もの日本人が滞在しており、一行は彼らの社員住宅を借りてこの旅で初めて陸上で宿泊し、つかの間の休息を得ることができた。

最後に訪れた硫黄島では、一九五二年の和智大佐らによる「遺骨調査団」の調査結果をもとに、島北部の通称「地獄谷洞窟」を中心に捜索が行われた。しかし、洞窟内の熱気がすさまじく、一〇分と内部にはいられない状況で作業は困難をきわめた。そうした状況下で収容された遺骨のなかには、他の島とは異なり、着衣や頭髪がそのまま残っているものが少なくなかったようである（『続・引揚援護の記録』）。

このように、一行は限られた時間のなか、慣れない環境と困難な状況下で作業を行い、可能な限り多くの遺骨を収容したといっていいだろう。そしてそれは、何も太平洋諸島に限らず、後にみるように、他の地域にもいえることであった。

米軍の監視と現地感情

ところで、厚生省が後に編集した『続・引揚援護の記録』によると、太平洋諸島における「収集団」の活動に対しては米国側も協力的で、特にウェーク島から同行した米海軍司令部首席参謀のコリス大佐があらゆる面で便宜を惜しまなかったことが「予期以上の成果」を挙げた一因であったとしている。しかし一方で、遺族代表として「収集団」に参加した河合朝夫が米国側の態度について、「囚人が監視下に作業をするような全くいやな思い」をしたと振り返っていることには注意する必要があるだろう（南溟会編『わが無名戦士たち』一九五三）。

とりわけ河合が窮屈に感じたのは、「収集団」の行動に関する報道や通信、そして写真撮影について米国側が厳重に制限した点である。河合は次のように述べている。

何んといっても一番苦心したのは、個々の報道通信と現地写真撮影とは、日米協定で固く禁止されており、さりとて、調査団一行の平安な航海と、無事帰還を念じ続けて待っていて下さる方々にどうして一と時でも、早く現地の状況やら、一行の日常をお知らせすればよいかという事だつた（『わが無名戦士たち』）。

米国側がこうした態度をみせた理由について河合は、前年の硫黄島への遺骨調査団派遣の際に、日本側のセンセーショナルな報道によりいわゆる「遺骨野ざらし」問題が生じたことが「よくよく身にしみ込んでいる」ためだろうと推測している。実際、南鳥島での追悼行事の様子が国内で報道されると、引揚援護庁と外務省から団長宛に「お小言の入電」があり、一行の政府関係者たちが「困り抜いた頭を集めていた」という。そしてその後は、団員による私的な電報も団長のサインを必要とし、特に報道関係の通信は「手も足も出ぬところまで追い込まれ」ることとなった。

こうした長い船旅からくる疲労と米軍監視によるストレス、そして過酷な作業環境のなかで救いと思われたのが、渡航先における現地住民との触れ合いであった。これらの島々の多くは戦前、日本の委任統治下に置かれていたが、一行に対しては親しみをもって接するケースが多かった。河合は言う。

一行を少しでも慰めてくれたものは、島々の人達が我が国、委託統治の昔を忘れずに迎えてくれた「日本人はいつまた来てくれるのか」といったような温い友情の発露であった（『わが無名戦士たち』）。

特にサイパン島民の対日感情は想像以上で、みな流暢な日本語で「御機嫌はいかがですか」と話しかけてきたという。また、ペリリュー島での島民との関係について日本丸の実習生は次のように記している。

慰霊祭が始まるまでの少しの暇を見て、私達は集っている原住民に当時の状況等を尋ねた。堪能な日本語で応答する原住民の一語一語は好意に溢れ一層の親しみを感じさせられた。日本の統治下にあった当時の楽しかったこと、面白かったこと等をつぶさに語る彼等は、最後まで島の人達を庇い戦いの惨事から守り通した勇敢な日本軍の戦い振りや幾多の美談等を懐しげに語ってくれた（『わが無名戦士たち』）。

もちろん、こうした経験は必ずしも一行に対する現地感情を代表するものとはいえない。しかし、これからみる他の方面も同様であるが、「収集団」の経験が敗戦国としての厳しい現実のみを突きつけられるばかりでなかった点には注目する必要があるだろう。

玉砕の島

「遺骨収集団」の派遣をめぐる日米交渉では、日本軍部隊が最初に「玉砕」した島として知られるアッツ島に関しても「収集団」の派遣が認められていた。しかし、アリューシャン列島に連なるアッツ島については気象条件などの関係から南方の太平洋諸島とは別途に実施された。

日本軍は一九四二年六月にアッツ島を占領したが、一九四三年五月一二日の米軍上陸後、激しい戦闘の末に同月二九日、山崎《やまさき》保代《やすよ》大佐率いる守備隊約二六〇〇人が「玉砕」した。「玉砕」により島に取り残された遺体の多くは、戦闘終結後、米軍の手によって埋葬処理されており、その一部は一九四八年七月頃にアラスカ・アンカレッジの北東約一三キロにあるフォート・リチャードソン米軍基地内の墓地に改葬されていた。そこで日本政府は一九五三年七月、アラスカとアッツ島の二班に分けて「収集団」を派遣することとなった。

七月四日、まず先行して引揚援護庁の職員二名がアラスカへ向けて空路羽田を出発した。フォート・リチャードソン墓地の発掘作業は七月六日に開始され、米軍と現地労働者の協力を得て七月一一日までに米国側の記録どおり二三五体すべての遺体を発掘した。遺体はほぼ一体ごとに敷布に包まれ、米軍用の丈夫な防水ゴム製品の遺体袋に丁重に収容してあり、米軍が用意したガソリン噴射による簡易火葬装置によって火葬作業を行った。アラスカ班の職員はこれら二三五柱の遺骨とともに七月一四日に羽田に帰国した。

一方、アッツ島へは七月六日、元第一二方面軍高級参謀で東部復員連絡局長の不破《ふわ》博《ひろし》団長以下政府職員・遺族代表・宗教代表ら一五名が海上保安庁巡視船「だいおう」にて東京芝浦の竹芝桟橋を出発した。一行は一三日にアッツ島に到着し、一五日から一七日までの三日間にわたって島内にある墓地の発掘と島東部を中心とする旧戦場の捜索を行った。島の印象について、「収集団」に参加した山崎大佐の遺族は帰国後、次のように綴っている。

豊富な清水が流れ、実に多種類の花がツンドラ地帯を色どったところで燃料にする一木もなく、土壌の存在しないこの島では、戦略上の価値を認めることはできない。（中略）それにもかかわらずこの島は実に美しい。数々の波静かな湾を抱き、高地からの展望は夢の国に来たような感がある（『時事新報』一九五三年七月三一日付）。

ツンドラ地帯の島内は夏でもまだ雪が残る状態で、美しくも厳しい環境のなかで一行は寒さと堅い岩盤に悩まされながら、アラスカから派遣された米海軍のジャッド中佐の献身的な協力のもとで作業を行った。墓地のほとんどは米軍によって埋葬されたもので、「JAPANESE　48」のように埋葬人数が記された十字架型の墓標と周囲にめぐらされた有刺鉄線を目印として、八か所の墓地で合計五九一体の遺体を確認し、そのうち七五体を火葬して収容した。さらに日本軍によって埋葬された八体を確認したほか、洞窟内で発見した七体に関してはその一部を収容した。

こうして一行は合計六〇六体の遺体を確認し、そのうち八二柱を「象徴遺骨」として持ち帰ることとなった。一行は七月二五日に帰港し、桟橋に出迎えた遺族らは約二〇〇〇人にのぼった。「玉砕」からちょうど一〇年後の帰還であった。

ガダルカナル

一九五五年一月から三月にかけて派遣された東部ニューギニアおよびソロモン諸島方面への「遺骨収集団」一行が最初に目指したのは、激戦地ガダルカナル島であった。約二万二〇〇〇人もの戦没者をだしたガダルカナルの戦いでは、極限状況下で撤退作戦が行われ、戦没者のほとんどがそのまま戦場に残された。この戦いにより戦前の日本が構築してきた「戦場掃除」と「内地還送」の二大原則が名実ともに崩壊したことはすでに指摘したとおりである。アジア太平洋戦争の転機ともなった激戦から実に一二年の時を経て、一行はガダルカナル島北部のホニアラに上陸した。

一行はまず、ガダルカナル島での行動について現地の英国官憲と交渉した。当初日本側は、ガダルカナルの戦いにおいて一木支隊、川口支隊、そして第二師団が三度にわたって奪還作戦を実施して「玉砕」したルンガ飛行場の南側で収容作業を行いたいと考えていた。しかし英国側からは収骨地点として、同飛行場北側の墓地とホニアラ西部の埋葬地を指定され、それ以外に埋葬情報はない旨が伝えられた。日本側としても当時埋葬に関する確実な情報を有しておらず、一行は英国側の指示に従って収容作業を開始した。

ルンガ飛行場北側の墓地は、米軍がガダルカナルの戦いの後に米軍墓地北西の一区画に日本人戦没者のために造ったもので、一体ごとに無名の墓標が建てられていた。墓標は五八個あったが、実際に収容できたのは五〇体であった。

また、ホニアラから西へ約六キロ離れた所にあるコカンポナからさらに南へ三キロ下ったポハ河両岸のジャングルには、埋葬地が二か所に分かれて存在していた。これは現地の酋長が英国官憲に申し出て初めて判明したものであった。この酋長は戦時中、日本軍に協力した人物で、一行に対しても終始協力的であったという（『続・引揚援護の記録』）。

埋葬地が存在した場所は、第二師団の野戦病院があった場所で、ルンガ飛行場奪還作戦の機動路に沿った所にあたり、作戦失敗後は飢餓とマラリアによりもっとも犠牲者が多かった地区の一つでもあった。各埋葬地にはそれぞれ十数個の大きな穴があり、そこに集団で埋葬されていた。一行の到着時にはすでに現地住民の手によって周辺の雑草が刈り取られ、約四〇〇体が発掘されていた。ここでは推定約七五〇体が収容された。

こうしてガダルカナル島においては、現地官憲が把握していた埋葬情報をもとに四日間という短期間で当時としてはおそらく最大限の遺体（約八〇〇体）を収容することができた。とはいえ、それらはもちろん戦没者全体の一部に過ぎず、特にジャングルのなかで埋葬されることなく朽ちていった大多数の遺体については、その情報を得ることすら叶わずに一行はガダルカナル島を後にすることとなったのである。

死んでも還れぬニューギニア

戦時中、日本軍の間で流布したフレーズに「ジャワは天国、ビルマは地獄、死んでも還れぬニューギニア」というものがあった。日本による占領後、比較的治安が安定していたジャワは「天国」であり、インパール作戦の退却路を指して「白骨街道」と称されるほど多数の戦死者を出したビルマが「地獄」になぞらえられていたのに対し、ニューギニアは文字どおり遺骨の帰還すら想定されないほど苛酷な戦場として印象づけられていたのである。実際、東部ニューギニア戦線の主力となった第一八軍の終戦時の人数は一万一七三一名で、ニューギニア上陸以来の損耗率は実に九四%にのぼったとされる（田中宏巳『マッカーサーと戦った日本軍』二〇〇九）。特に、日本本土からの補給が途絶し転戦に次ぐ転戦で食糧の調達が困難であった同軍戦没者の死因の約九割は餓死に分類されるものであった（藤原彰『餓死した英霊たち』二〇〇一）。

そうしたなか、日本海軍の一大根拠地であったトラック諸島（現在のチューク諸島）の防衛拠点として第八方面軍司令部が置かれたニューブリテン島のラバウルは、戦時中、本土からの補給が途絶してからも今村均《いまむらひとし》司令官のもとで現地自活体制を整え、約九万人の将兵が帰還したことで知られている。終戦後、ラバウルには日本軍収容所やBC級の戦犯裁判所が置かれ、ラバウルの象徴でもあるタブルブル山（花吹山）の山麓にはオーストラリア軍が建設した日本人墓地や刑死者の墓地、そして日本軍による旧海軍墓地が並びあって存在していた。これらの墓地に関して「収集団」一行は事前にその情報をつかんでおり、豪軍建設墓地から五一五柱、刑死者墓地からは九五柱の氏名判別遺骨を、旧海軍墓地では一一八柱の氏名不詳の遺骨をそれぞれ収容した。

東部ニューギニアでは、ラエ・フィンシュハーフェン・マダン・アイタペなど米軍との間で死闘が繰り広げられた一一の地点に上陸して遺骨収容作業を行った。このうち後方基地が置かれていたウェワクは、終戦が近づくにつれて激しい戦闘の最前線となった。その結果、ウェワク半島頸部の洞窟に約一〇〇〇柱、第二〇師団司令部が置かれた「洋展台（ミッションヒル）」付近の洞窟には青木重誠《あおきしげまさ》師団長を含む約三〇〇〇柱が残されたままになっていた。これらの情報について「収集団」は事前に把握していたが、一行の訪問時にはウェワク半島付近一帯はすでに住宅地や病院と化しており、また洋展台付近の洞窟も山崩れによって跡形もなくなっているなど捜索がまったく不可能な状況にあった。他方、ウェワクの北東約一六キロにあるサウリの第一一七兵站病院に埋葬されたドラム缶入りの遺骨約一二〇〇柱に関しては現地の地方弁務官の情報により掘り当てることができ、ウェワクではこれを含めて合計一二九一柱を収容した。

また、第一八軍の収容所が置かれたウェワク沖合のムッシュ島では、終戦後も多数の死没者が出て、その遺体は同地に埋葬されていた。「収集団」には当時ムッシュ島での埋葬に従事した元将校が三名も参加しており、現地では墓標こそ無かったものの一体ごとの土盛を等間隔に確認することができたため、発掘は比較的容易で、原簿の存在により氏名の判別も可能であった。結局ムッシュ島では、一三三一体の埋葬遺体のうち氏名判明の一〇三一体を火葬して収容した。

こうして東部ニューギニアおよびソロモン諸島方面においては、合計五八八九柱もの遺骨を収容することができた。これは、一九五〇年代に派遣された「遺骨収集団」が持ち帰ってきた全遺骨の約半数にあたり、当該期においては最大の成果となった。

白骨街道とインパール

『ビルマの竪琴』の舞台となったビルマ・インド方面における戦没者は約一六万七〇〇〇人で、「収集団」派遣当時は約八万七〇〇〇柱が未帰還であると考えられていた。同方面ではとりわけ一九四四年のインパール作戦の失敗と、それにともなうビルマ戦線崩壊による戦没者が大多数を占めていた。敗走する日本軍は英国軍の追撃を受けるとともにマラリアや赤痢《せきり》に罹患し、長期の行軍と飢餓によって次々と斃《たお》れていった。撤退路の河川や密林には夥《おびただ》しい数の日本人戦没者の遺体が残され、その状況は「白骨街道」と称されるほど凄惨を極めた。

一九五六年二月、空路ビルマに到着した「収集団」本隊一行（一二名）は、南部のラングーン、中部のマンダレー、北部のミッチーナ、東部のラシオなどビルマ戦線の要地で遺骨の捜索・収容作業を行った。そのうちビルマ西部の「白骨街道」へ向かったのは三人の政府職員と遺族代表一人からなる分班であった。この分班に加わった外務省の河野七郎《こうのしちろう》事務官は特にインド・ビルマ国境地帯での収骨作業が「最も印象の深い地域」であったと報告している（「ビルマ方面戦没者遺骨収集出張報告」一九五六年四月一〇日）。

報告によると、インドとの国境に近いティディムの町はずれには、インパール作戦の主力となった第三三師団の野戦病院跡があり、約一万坪もある松林のなかに、風雨にさらされた頭蓋骨や骨片が凄惨な姿で散在していた。団員は、「疲れも暑さも、のどの渇きも忘れて」、夢中で袋や風呂敷、古い石油缶などに遺骨を集めたという。作業には、視察と激励に訪れた太田三郎《おおたさぶろう》駐ビルマ大使も加わり、またビルマ側の官吏や警察も協力した。こうして集められた遺骨は約五〇〇〇体と推計され、形の完全な頭蓋骨だけでも一六三柱を数えた。

それから分班一行は国境を越えていったんインドのコルカタへ向かい、空路インパールに入った。前節でみたように、インド政府が現地の治安状況を理由にインパールでの遺骨収容作業を許可しなかったため、追悼式のみを実施することとなった。追悼式はインパール市街で州政府長官以下インド側関係者の参列のもと行われた。

一行にとって割り切れなかったのは、事前に伝えられていた情報とは異なり、現地の治安が決して収骨作業が行えないほど悪い状況にはみえなかったことであった。このことは、現地入りした新聞記者も報じている（『朝日新聞』一九五六年三月一二日付）。また実際、「収集団」到着前に追悼式準備のためにインパール入りしていたコルカタ総領事館職員が、州政府から非公式許可を受けて同地周辺で三〇柱もの遺骨を収容していたことも腑に落ちない点であった。本当に治安が悪いのであれば、これは行い得ないはずのようにも思われた。

この点に関して河野事務官は報告の中で、インパールでの遺骨収容が許されなかった真の理由は治安の問題ではなく、日本人が地方に行って反政府系の部族などと接触して政治的なトラブルを起こすことを恐れたためではないかと推測している。実際、戦時中に日本軍に協力したナガ族の一青年がインパール北東のウクルルから夜を徹して徒歩でインパールに出てきて一行の現地案内を申し出たこともあった。州政府は一行がこうした現地人と親しく接することにも神経を尖らしていたとみえ、したがって、表面上は好意的であったものの、内心では「厄介物がきた」と思い込んでいるというのが内情ではないかと推測されたのである。

「美談」の真意

ビルマ・インド方面からの帰国後、美山要蔵団長は昭和天皇に拝謁して報告を行う機会を得た。美山は「収集団」の活動を簡潔に述べたうえで、ビルマの大衆が終戦後においてもなお旧日本軍に対して「綱紀厳正であり、勇敢であり、正直で、勤勉であり、且つよく子供を可愛がった」との印象を抱いていたと奏答した。これに対して昭和天皇は「誠に大変御苦労であった」と声をかけ、美山は「恐れながら陛下にはいたく御感動になった」ように拝察したとの感想を記している（「拝謁の記」一九五六年三月二六日）。

現地人が示した親日感情に関しては、美山だけではなく、他の団員や同行した新聞記者によっても一様に指摘されている。宗教代表者として「収集団」に参加した僧侶の上田天《うえだてん》瑞《ずい》は、次のように回想している。

ティデム地区は、インパール作戦に当って第三十三師団が作戦準備をした地区で相当に民生を圧迫し、住民の被害も多く、住民の中には当時の戦傷の痕をとどめている者もある位だから、対日感情は良好でないと判断していたが、予期に反して官民共好意をもって積極的に協力し、日本将兵に対しても思慕の念をもっていることを痛感した（上田天瑞『ビルマ戦跡巡礼記』一九五七）。

しかし、外務省の河野事務官はこうした見方に違和感を抱いていた。すなわち、ビルマ人の対日感情は一般的に良好であり、「収集団」に対してビルマ側官民が示した協力的態度を評価しつつも、帰国後の団員の談話や報告が「事実と離れていたり、一方的な見方に過ぎない」場合が多いことが「目につく」として批判している。とりわけ部内参考として作成したメモでは、「日本軍隊に対するビルマ大衆の感情」に関する美山の報告は、現地人の老婆や青年をつかまえて、通訳を介して得た「極めて根拠の薄い」事例から推測したものに過ぎず、「如何にも旧軍人の我田引水的所見」であると厳しい言葉で断じている（河野事務官メモ）。

確かに美山は、陸軍士官学校・陸軍大学を卒業し、参謀本部動員課長や南方軍参謀を経て、陸軍省高級副官（陸軍大佐）として終戦を迎えた旧軍のエリートであった。公職追放を免れた美山は終戦後、一貫して復員・引揚業務に従事し、「収集団」派遣時は厚生省引揚援護局次長の任にあった。こうした旧軍の幹部が訪問したことに関してビルマの現地人は、団員に旧軍人がいるかどうかについて警戒的で、「旧参謀」がいる旨を伝えると「村人の目にアリアリと憎悪の感情が現れた」というのが実態であったと河野は指摘している。また、同行した記者によると、「自衛隊貸与のオンボロ作業着（カーキ色）をきて、軍カ（靴）、地下タビにシャベルをかついで上陸した」とあり、これが「日本の軍国主義の復活と誤解されたためか、どこでも『骨拾い』はきらわれた」と報告している（『読売新聞』一九五六年八月二三日付）。

しかし、「陸軍葬儀委員」を自認し、戦没者の靖国神社への合祀《ごうし》や千鳥ヶ淵《ちどりがふち》戦没者墓苑の創設に尽力していた美山には、どうしても「美談」を国内に伝える必要があった。その背景には、次のような考え方が働いていた。

ビルマ人の派遣団に対する友好的協力を認め、日本軍隊に対する親近感を見聞するに及び、ビルマ人の対日本軍隊観を明らかにしてこれを御遺族等に伝達することは、短時間の追悼行事を行なう以上の功徳がある（ビルマ派遣団長「遺骨とともに拾ったビルマの友情」一九五六年四月一日）。

こうした考え方に基づいて、ことあるごとにビルマ人に対して「対日本軍隊観を団員全部で聞いてみた」結果、「ビルマ大衆の対日軍隊観は、結論的に、友情に満ちた喜ぶべきものであるというのに帰着致した」というのである。その意味で、これは遺族のためのストーリーであり、いわば「土産話」であった。そして、この「美談」を国内に伝えることで、美山自身、団長としての任務が完結したものと考えられたのである。

収骨を阻むもの

ビルマ・インド方面への派遣報告がとかく「美談」になりがちであったのに対し、同年（一九五六年）六月から八月にかけて西ニューギニアおよび北ボルネオ方面へ派遣された「収集団」一行は、現地における厳しい反日感情に直面することとなった。

同方面において収容された遺骨は六一一柱であり、当該期における「収集団」の成果としては比較的少数であった。その事情について政府職員として参加した外務省の竹中均一《たけなかきんいち》事務官は、「今回の収骨は未開の土地で、しかも現地官憲の厳重な監視、行動の制限下に行われるという苦しい、困難な作業だった」と振り返っている（「南海の遺骨収集紀行」一九五六年一一月）。

竹中によると、「収骨を阻むもの」として一行にまず立ちはだかったのは、「人類の侵入を許さぬジャングルの抵抗」であった。同方面の戦没者の大部分は道なき山岳やジャングルを転進中に飢餓や疾病に斃れたもので、これらを捜索することは「人間業をもってとうていなし得るところ」ではなかった。実際、同行した新聞記者も「遺骨の多くは山また山のジャングルの奥に点々と散らばって」おり、「迷いこんだが最後、団員全部が白骨になるだろう」とその困難さを伝えている（『朝日新聞』一九五六年八月二三日付）。また、墓地に埋葬されたものについても、樹木や草が墓を蔽いその発見が困難になっていたり、埋葬地であった所に住宅や学校、病院等が建てられたことにより発掘が不可能な場所も少なくなかった。

これら環境の変化に加えて竹中は、収骨作業が捗《はかど》らなかったもう一つの理由として、「反日分子の非協力、妨害行為に禍《わざわ》いされたこと」や、「現地官憲が消極的で、墓地の基本的調査を十分に行っておらず、加うるに収骨団の行動の大幅な制限、厳重な監視、さらには現地民との接触をも阻止するの態度に出た」ことを挙げている。特に第二軍司令部が置かれていたニューギニア島西端のマノクワリでは反日感情が強く、「戦時中日本軍に迫害されたというオランダ人とインドネシア人が収骨作業に反対の態度を見せ、作業隊の通行をも妨害した」と伝えられた（『朝日新聞』七月二一日付）。また、竹中は現地の老婦人が一行を案内していたオランダ人官憲に激しく詰め寄る場面を目撃しており、宗教者代表として参加していた加藤亮一《かとうりょういち》牧師にその様子を伝えている。

> お前はなぜ日本人なんかの案内をするのか。わたしの最愛の夫は、戦争中日本の憲兵の《（ママ）》連れて行かれ、とうとう二度とわたしの許には帰って来なかった。夫を殺した日本人を、マノクワリの町に入れるのは大反対だ（加藤亮一『慟哭の砂』一九五七）。

一行に対するこうした反感は英国領土である北ボルネオでもみられた。ゼッセルトン（現在のコタキナバル）では、一行を乗せた大成丸が到着した当日の現地紙に「大成丸は、日本人戦没者の収骨が目的ではなく、戦時中に奪って隠匿しておいた財宝を掘り出しにやって来たのだから、その行動は十分に監視しなければならぬ」との投書が掲載された。竹中が現地の新聞記者に、一般人はこれを信じているのか、と問うたところ、「イエス」との答えが返ってきたという。その一方で同地では、英国官憲が「遺骨は一つもない」と言明していたが、そこに長く在住していた二人の日本人老婆の案内により、図らずも九七柱の遺骨を収容する幸運にも恵まれた。

不信のなかの収穫

このように、西部ニューギニアおよび北ボルネオ方面において「収集団」一行は、「招かれざる客」として、至るところで現地人の「冷たい視線」にさらされながら、収骨作業を行わねばならなかった。戦後十数年という時の経過は、遺骨を風化させるには十分な時間であったが、日本軍に苦しめられた現地民の「戦争の記憶」を過去のものとするには、あまりにも短かった。外務省の竹中事務官は現地での経験を踏まえて次のように総括している。

現地の官憲や住民の対日警戒心は、十年の歳月の経過のみをもってしては決して消失せしめ得られるものではない。われわれは、あらゆる手段をもってこれらの対日誤解と悪感情を拭い去り、これらの国の人々の信望を恢復することに努めなければならない（「南海の遺骨収集紀行」）。

ただし、そうした状況下においても、一行に対して協力的な態度を示すものも少なからず存在し、少数ながらも得ることができた六一一柱という「成果」は、それなくしてはなし得ないものであった。大成丸に同乗して一行を案内した日本育ちのオランダ人連絡将校は日本語が巧みで、終始積極的な協力や援助を与えた。またワクデ島のインドネシア人の警官は日本軍人に殴られて前歯がなかったが、親切に一行を案内し、同島では九柱を収容することができた。反日感情が強かったマノクワリにおいても、その郊外に在住していた現地民が自宅の庭に埋葬されていた遺体の発掘に進んで協力し、五柱を収容した。

一行にとって特に意外だったのは、給油のために寄港したインドネシアのバリクパパンで思わぬ歓迎を受けたことであった。すでにみたように、インドネシア政府は派遣の直前になって船による「収集団」の来訪に難色を示し、結局給油のみが認められることとなっていた。しかし、大成丸がバリクパパンに到着すると現地民が次々と押し寄せ、その時の様子について加藤牧師は、「税関の役人、インドネシア軍の将校や、下士官たち、バリックパパンの町の有力者たちが後から後からと遊びに来て、われわれを歓迎し、親日振りを現わしてくれるのには驚いた」と記している（『慟哭の砂』）。

また、大成丸に乗船していた練習生がインドネシア船に乗り組み中のスマラン商船学校の練習生に招待を受けて交歓する機会も設けられた。このことについて竹中事務官は、「若い両国の青年が接触しお互いに理解を深め得たことは、バリクパパン寄港のもたらした最大の収穫であった」とその意義を評価している。

図11　フィリピンからの「遺骨収集団」帰国時の様子
（読売新聞社提供）

死闘の跡

一九五〇年代最後の「遺骨収集団」の派遣先は、フィリピンだった（図11）。フィリピン方面の戦没者は一般邦人も含めて約五二万人とアジア太平洋戦争中で最も多かった。

フィリピンでは、一九四四年一〇月のレイテ沖海戦で日本軍は制海権と制空権を失い、翌年一月にマッカーサー指揮の連合国軍がルソン島リンガエン湾に上陸を開始すると、山下奉文《やましたともゆき》大将率いる第一四方面軍との間で文字どおりの死闘が終戦に至るまで展開された。特に日本軍が死守を試みたバレテ峠付近では彼我ともに多数の戦死者を出したが、この戦いの主力部隊の一つであった第一〇師団高級副官の柏井《かしわい》秋久《あきひさ》が「収集団」に加わっていた。第一〇師団では総兵力二万のうち約一万八〇〇〇人が戦死したとされるが、柏井によると、「戦闘初期においては戦友の手によってそれぞれ葬られたものであるが、後半においては随所で殲滅的な損害を受けたからそれどころでなかったのが実状」であったという（土谷直敏編『山ゆかば草むす屍』一九六五）。

終戦から一二年もの時を経て柏井は再びフィリピンの旧戦場を訪れたが、予想に反して地表面に露出して散乱している遺体をほとんど目にすることはなかった。収容された二五六一柱の遺骨のほとんどは、埋葬されていたものか、あるいは洞窟内で発見されたものであった。この点に関して柏井は「亜熱帯地域では風化も早いし、スコールも多いから当然のことではなかろうか」と推測している。実際、同行した記者によると、遺骨の状態は「手でさわればサラサラとくずれ、風化一歩手前」で、「時期的に遺骨を集めにくるのが遅すぎた」（『読売新聞』一九五八年三月八日付夕刊）。それでも柏井らは、激戦地・バレテ峠付近の山中の廃屋で仮眠をとりつつ三日間にわたって収骨作業に専念した。その結果、バレテ峠の七〇柱をはじめ付近一帯で約六〇〇柱の遺骨を収容できたことは柏井にとって「せめてものなぐさめ」であった。

一行の滞在期間を通じて示されたフィリピン側の友好的で協力的な態度には、日本側も驚くほどであったという。特に終戦まで戦った柏井は「相当の『お返し』を覚悟していた」のに対し、連絡役のフィリピン将校などが「かえって敬愛の念で接して」くれたことは「意外」であった（『山ゆかば草むす屍』）。前節でみたとおり、そのことには国民に対して「収集団」への協力をうったえたガルシア大統領のメッセージが大いに影響していたものと考えられる。とはいえ、確かに一行が接したフィリピンの政治家や官憲には「厚遇」されたものの、現地の一般住民の反応は「依然として厳しかった」という指摘は見逃せない（中野聡「追悼の政治」二〇〇四）。

フィリピンへ「収集団」が派遣された一九五八年の一二月、国賓として初めて訪日したガルシア大統領は国会で次のように演説している。

十二年の歳月をもつてしても、あの一大悲惨事によつて作られた傷が完全に癒え、悪意が完全に清算された、とはいえません。しかしながら、静かに反省することにより、フィリピン国民は対日友好関係を回復することが現在とるべき最も賢明な途であることを確信するにいたりました（戦後外交記録「アジア諸国大統領本邦訪問関係雑件　カルロス・ピー・ガルシア・フィリピン大統領関係」）。

「戦没日本人之碑」の建立

「戦没日本人之碑」

一九五〇年代に派遣された「遺骨収集団」のもう一つの重要な任務は、「象徴遺骨」の収容という方針の結果回収し得なかった戦没者に対して、追悼行事などの「現地慰霊」を行うことであった。この「現地慰霊」行為の一環として「収集団」は、各地に「戦没日本人之碑」と刻まれた小規模な碑を建立した。

派遣先に何らかの「碑」を建立するという構想については、一九五二年五月に引揚援護庁が作成した遺骨収容計画案（「外地残留遺骨の処理について（第一案）」）に、米国管理下の各島に「簡素なる無名戦士の碑標を建てる」との一文が盛り込まれたのが最初である。この「無名戦士の碑標」はその後「無名戦士の墓」と文言が改められたが、前述のとおり、外務省内の検討の結果、「現地における無名戦士の墓地の設定は適当ではない」ことが結論づけられた。他方、同年一〇月に米国が「収集団」の派遣とともに「小碑」の建立を認めたため、日本政府は一〇月二三日の閣議了解において、各島に「小形の記念碑」を建てることを決定した。

この決定を受けて、引揚援護庁において碑の作製計画が進められた。その際、政府がこの「小形の記念碑」にどのような性格を持たせようとしたのか、また碑名を「戦没日本人之碑」と決定するに至った経緯については定かではない。いずれにせよ、碑文は吉田茂《よしだしげる》首相に揮毫を依頼し、製作は東京藝術大学の山本豊市《やまもととよいち》教授に委託された。製作にあたっては、「ことさらに原住民の心を刺激しないように」という政府の意向を汲んで手ごろな自然石を探し出し、八方手をつくしてようやく都内の造園会社にあった御影石が使用されることとなった（『読売新聞』一九五三年一月七日付）。ただし石の大きさがそれぞれ違うため、幻燈で映し出して文字を配合するなど苦心の作であったようである（図12）。

こうしてまず、米国管理下の太平洋諸島およびアッツ島に九基の「戦没日本人之碑」が建立された。そしてそれを先例として、一九五五年以降に派遣された「遺骨収集団」が建立した一二基の碑にも、同様に「戦没日本人之碑」と刻まれることとなった。ただし使用する石については、運搬の便を考慮して自然石ではなく組立石材が使用された。

図12　「戦没日本人之碑」（1953年，アッツ島に建立されたもの）（毎日新聞社提供）

建立への反対

ここで「戦没日本人之碑」の建立地点をみてみると、当時の管轄国が米・英・オランダおよびオーストラリアの領域であったのに対し、同じく「遺骨収集団」の派遣対象となったビルマ・インド・インドネシアおよびフィリピンの領域内には一基も建立されていないことに注意したい（建立状況は表7）。

ビルマ・インド方面に関して厚生省は、当初ラングーン（現在のヤンゴン）に碑を建立することを検討していた。しかしビルマ政府からは、石碑や記念物の建立は「ビルマ人に占領時代の記憶を呼び起こさせることとなるので、不適当ではないか」との否定的な見解が示された（太田駐ビルマ大使より重光外相宛電報第二七〇号、一九五五年六月二四日）。実際、「収集団」の派遣計画が公表されると、ビルマ大使館からは戦時中の記憶も消えていない実情において「収集団」の訪

表７ 「戦没日本人之碑」建立状況

	現在の管轄国	建立時の管轄国	建立場所	建立年月日
1	日本	米国	南鳥島	1953年２月５日
3	米国	米国	ウェーク島	1953年２月10日
6	米国	米国	サイパン島	1953年２月19日
7	米国	米国	テニアン島	1953年２月21日
4	米国	米国	グアム島	1953年２月25日
8	パラオ共和国	米国	アンガウル島	1953年３月３日
9	パラオ共和国	米国	ペリリュー島	1953年３月４日
2	日本	米国	硫黄島	1953年３月12日
5	米国	米国	アッツ島	1953年７月16日
10	ソロモン諸島	英国	ガダルカナル島	1955年１月28日
11	パプアニューギニア	オーストラリア	ラバウル	1955年２月１日
12	パプアニューギニア	オーストラリア	ブーゲンビル島	1955年２月６日
13	パプアニューギニア	オーストラリア	ブナ	1955年２月10日
14	パプアニューギニア	オーストラリア	フィンシュハーフェン	1955年２月18日
15	パプアニューギニア	オーストラリア	ウェワク	1955年２月22日
16	パプアニューギニア	オーストラリア	アイタペ	1955年３月２日
17	パプアニューギニア	オーストラリア	ロスネグロス島	1955年３月５日
18	インドネシア	オランダ	サルミ	1956年７月９日
19	インドネシア	オランダ	ビアク島	1956年７月12日
20	インドネシア	オランダ	マノクワリ	1956年７月19日
21	マレーシア	英国	ラブアン島	1956年８月８日

厚生省社会・援護局援護50年史編集委員会監修『援護50年史』pp. 514-515を参考に作成.

問自体が「好ましいかどうか考え物」という現地の論調が伝えられている（同第一〇二一号、一九五五年一一月五日）。おそらくこうした事情を勘案して、同方面における「戦没日本人之碑」の建立を断念したものと考えられる。

また、西部ニューギニア・北ボルネオ方面に関しては、当初インドネシア領域での遺骨収容が予定されていたが、インドネシア政府からは建碑を認めないとの明確な意向が伝えられた（鶴見駐ジャカルタ総領事代理より重光外相宛電報第六六号、一九五六年五月一八日）。この点については後日改めて、追悼式の実施や火葬については異議はないが「石碑は如何しても同意せず」との意向が伝えられた（同第七三号、一九五六年六月五日）。結局、インドネシアに関しては前述のとおり、船による「収集団」の訪問自体が認められないこととなった。

そしてフィリピンに関しては、当初より派遣計画に碑の建立は盛り込まれなかった。これはフィリピンにおける強い反日感情に鑑み、当局者がそれまでの経験を踏まえて計画から除外したものと思われる。

このように、一九五〇年代に「アジアの一員」として日本が東南アジアへの復帰を志向する一方で、ビルマ・インド・インドネシア・フィリピンといったアジアの独立諸国においてはまだ戦争の記憶が生々しく、たとえ遺骨の収容は認めても、その領域内に日本人戦没者のための碑を建立することには強い拒絶感があったと考えられる。

碑文変更要求

一方、建碑が実現した地域においても、すんなりと建立が認められたわけではなかった。東部ニューギニア・ソロモン諸島方面への派遣をめぐる交渉においてオーストラリア政府は、建碑自体は認めたものの、「収集団」派遣の直前になって碑文の変更を強く要求した。同方面で建立予定の「戦没日本人之碑」に関して日本政府は、当初、碑の裏面に次のような英文を刻むことを予定していた。

In Memory of those who fell in the World War II with ardent Prayers and Hope for the Eternal Peace of the World（恒久の平和を祈念しこゝに第二次世界大戦に斃《たお》れた人々に捧ぐ）

この文言の作成経緯は不明であるが、その内容から、碑の性格が日本人戦没者に対する慰霊だけではなく、平和の祈念とすべての戦没者への哀悼の意を現地住民も理解可能な言語で示すことによって、建碑とその後の維持について現地の理解を得ようとする意図があったと考えられる。しかし、一九五五年一月七日、オーストラリア政府はこの碑文について次の文面に変更することを豪側の「最終決定」であるとして日本側に通告した。

This stone marks the place from which Japanese War Dead were removed by the Japanese Government in 1955（この碑は一九五五年に日本政府によって戦没日本人の遺骨が持ち運ばれた土地を表示するものである）

図13　「戦没日本人之碑」の彫り直し作業（読売新聞社）

この碑文変更要求に対して日本政府は、「収集団」の派遣を最優先に考えて要求どおりに英文を彫り直すこととした（図13）。さらにオーストラリア側は、英文の趣旨に沿って表面の日本語を修正することも求めたが、この点に関しては、すでに碑文の彫刻を終えており再彫刻は困難であるとして、「戦没日本人之碑」の文字の下に新たに「遺骨収集之地」と彫ることで決着した。このように、オーストラリア領域内に建立する碑については、碑の性格を日本政府による遺骨収容の作業地点を示すものに限定し、形式的には「遺骨収集記念の碑」とすることで、初めて建立が認められたのである。

オーストラリア側がこうした要求を行った背景には、交渉段階ですでに明らかとなっていた「収集団」の来訪に対する現地住民の強い反対があった。とりわけ「戦没日本人之碑」の建立への反対は強硬で、「侵略、虐待、財産喪失の記憶を新たにする日本人の記念碑は全く受け容れられない」ものであり、「これは日本に建てるべき」ものであるといった厳しい現地の論調も伝えられていた。そうした状況下で建碑を認めるにあたっては、オーストラリア政府としても現地感情に十分に配慮する必要があったと考えられる。

一方、当時英国領であったガダルカナル島のホニアラに建立する予定であった「戦没日本人之碑」については、英国側から事前に何らの反対もなかったので、日本文・英文とも当初の文言のままにしていた。しかし現地に行ってみると、英国の高等弁務官が「一般の輿論いまだその時機にあらず」として建立を許可せず、結局埋設されることになった。

誰がための碑

オーストラリアや他のアジア諸国が「戦没日本人之碑」の建立に反対したのは、この碑が戦争によって当該国に甚大な被害を与えた日本人戦没者のためのものであるとみなしたからに他ならなかった。戦争の記憶が色濃く残る一九五〇年代において、碑の建立という行為自体が反発を招く可能性をともなうことは日本側も十分に認識しており、「収集団」の派遣をめぐる交渉には終始慎重な姿勢でのぞんでいた。したがって碑文の変更要求には応じざるを得なかったものの、他方で日本側の本音としては、現地慰霊の一環として建立されたこの碑はあくまで日本人戦没者のためのものであるという意識は強かった。

東部ニューギニア・ソロモン諸島方面の派遣団長であった白井儀十郎は帰国後、たとえ碑文がいかなるものになろうとも「戦没日本人之碑」の「文字の精神は実質的にあくまで生きている」のであり、そうした態度で碑を建立してきたと報告している（『続・引揚援護の記録』）。

また、一九五六年に西部ニューギニア・北ボルネオ方面で建立された四基の「戦没日本人之碑」に関しては日本人戦没者への慰霊という性格がより明確にされることとなった。すなわち、同方面における碑の裏面には英文で「MEMORIAL STONE FOR THE JAPANESE WHO FELL IN THE WORLD WAR II BY THE JAPANESE GOVERNMENT IN 1956（第二次世界大戦で斃れた日本人のために一九五六年日本政府が建立）」と刻まれたのである。まさに「戦没日本人之碑」の「文字の精神」を体現したかのようなこの文言が採用された経緯は明らかではないが、同方面では「収集団」の派遣時にとりわけ強い反日感情がみられたにもかかわらず、建立にあたってこの碑文が特に問題視された様子はうかがえない。

それでは、一九五〇年代に日本国政府の名によって建立された「戦没日本人之碑」の将来にわたる維持・管理について、政府はどのように考えていたのだろうか。

維持・管理をどうするか

この点に関して東部ニューギニア・ソロモン諸島方面の「収集団」に参加した厚生省引揚援護局の職員は、次のように指摘している。すなわち、オーストラリア政府の碑文修正要求は一見「非友好的」に見受けられるが、この碑が「無名戦士之碑」を意味するものであるならば、オーストラリア側としても「その管理保存をゆるがせには出来」ない。したがって「無名戦士之碑」を外国の土地に建てるならば、「我が外交当局は更に大局的な考慮で交渉を進むべきであった」というのである（『弔魂　ラバウル方面戦没者慰霊祭』）。

実際、一九七〇年代以降になって日本政府は海外の主要戦域に大規模な戦没者慰霊碑を建立することとなったが（表8）、これは建設用地や建立後の維持・管理についての基本方針を定めたうえで計画的に進められたものであった（厚生省援護局「海外戦没者の慰霊碑建設について」一九七一年七月）。しかし、一九五〇年代に建立された「戦没日本人之碑」については、日本政府としては特に維持・管理は行わず、原則として現地に一任する方針がとられた。東部ニューギニア・ソロモン諸島方面への派遣に際しては「（碑石の）爾後の保存については相手国に依頼することはせず、現地の取扱いに委せる」ことが確認され

表８　日本政府による海外戦没者慰霊碑の建立状況

名称	建立地	竣工年月日
硫黄島戦没者の碑	東京都小笠原村硫黄島	1971年３月26日
比島戦没者の碑	フィリピン共和国ラグナ州カリラヤ	1973年３月28日
中部太平洋戦没者の碑	アメリカ合衆国(自治領)北マリアナ諸島サイパン島マッピ	1974年３月25日
南太平洋戦没者の碑	パプアニューギニア独立国東ニューブリテン州ラバウル市	1980年９月30日
ビルマ平和記念碑	ミャンマー連邦共和国ヤンゴン市	1981年３月28日
ニューギニア戦没者の碑	パプアニューギニア独立国東セピック州ウェワク市	1981年９月16日
ボルネオ戦没者の碑	マレーシア　ラブアン市	1982年９月30日
東太平洋戦没者の碑	マーシャル諸島共和国マジュロ島マジュロ	1984年３月16日
西太平洋戦没者の碑	パラオ共和国ペリリュー州ペリリュー島	1985年３月８日
北太平洋戦没者の碑	アメリカ合衆国アラスカ州アッツ島(アリューシャン列島)	1987年７月１日
第二次世界大戦慰霊碑	インドネシア共和国パプア州ビアク島パライ	1994年３月24日
インド平和記念碑	インド　マニプール州インパール市ロクパチン	1994年３月25日
日本人死亡者慰霊碑	ロシア連邦ハバロフスク地方ハバロフスク市	1995年７月31日
樺太・千島戦没者慰霊碑	ロシア連邦サハリン州(樺太)スミルヌイフ	1996年11月１日
日本人死亡者慰霊碑	モンゴル国ウランバートル市	2001年10月15日

厚生労働省 HP より作成.

ている（アジア二課「厚生省における英豪地域遺骨収集に関する打合」一九五四年一〇月一八日）。

その後、建立後の碑の維持・管理についてオーストラリア政府が日本側の意向を照会してきたことがあった。これに対して厚生省は、建立地が「僻遠の地」であり、「碑の維持管理のために今後特に経費を支出する等の措置はとらない方針」であるとして、「すべてオーストラリア政府及び現地当局において可能な範囲において維持管理されるよう御好意を期待したい」との回答を示している。そのうえで厚生省は、「碑及びその建立地が、日本に好意を持たない一部の人人によつて、故意に破壊又は汚辱されることのないよう保護されることを念願している」こと、相手国の理由により碑の移転又は撤去の必要が生じた場合は「止むを得ないものとしてこれを了承する」が、その事実については連絡を希望することなどの要望事項を提示した（厚生省引揚援護局長よりアジア局長宛公信援発第二七六号、一九五五年三月三日付）。これに対してオーストラリア側は、州政府の予算で碑の維持・管理を行い「ジャングルに覆われないようにする」との意向を伝えてきた。

一九五五年九月には、厚生省において英連邦諸国内に所在する日本人墓地全般の維持・管理についての検討が行われ、その際に「戦没日本人之碑」の保護や敷地の無償貸与を正式に相手国に求める方針が定められたこともあった。しかし、その時点で墓地調査が未完了であり、また経費の面で難があったことからこの方針はすぐに撤回され、結局、碑の維持・管理については現地一任の方針が定着することとなった。

風化する碑

しかし、こうした「現地主義」は、碑の「風化」を招いた。その結果、たとえばウェーク島に建立された碑については、建立から四年後の一九五七年には早くも再建の話が持ち上がった。同年六月一日には「ウェーキ島戦没者慰霊碑再建後援会」が結成されたが、その理由として、現存の碑が「草むらに埋もれ、余りにもひどい」状態にあることが挙げられている（『読売新聞』一九五七年六月二日付）。この問題については、特に当時の岸信介《きしのぶすけ》首相が訪米の途上ウェーク島に立ち寄った際に、あまりの「貧弱」さに驚いたということもあり、再建に積極的な姿勢を示した。その結果、翌一九五八年一月、岸首相の揮毫により「太平洋の波永遠に静かなれ」と刻まれた碑が同島に建立されることになった。

さらに一九六〇年代以降においては、高度経済成長や海外渡航の自由化を背景に、多くの遺族や戦友たちがアジア太平洋戦争の戦跡を訪問することとなったが、現地で彼らが「戦没日本人之碑」の荒廃状況に驚くケースが少なくなかった。

たとえば、一九七四年にニューブリテン島ラバウルの「戦没日本人之碑」を訪れたある元軍人は、「私の心に最も強くのこったことは（中略）慰霊碑があまりにもお粗末なこと」であり、「私が想像し、期待したところとはぜんぜん及びもつかないもの」であり、「戦死された戦友には申訳ない」と書き記している（太田庄次編『ラバウルの今昔』一九七五）。ラバウルでは、訪問した慰霊団に対して現地人が借地料や管理維持費を要求するなどの例も頻発していた。そうした状況に対して元第八方面軍の参謀が「戦友としては堪えがたい」として、自ら碑の移転について現地政府と掛け合うなどの行動を起こしている。その後、ラバウルの「戦没日本人之碑」は新たに日本政府が建立した「南太平洋戦没者の碑」のそばに移された。

また、一九八五年に西部ニューギニアのマノクワリを訪問した慰霊巡拝団は、同地の「戦没日本人之碑」が「汚水が流入し悪臭が漂う海岸辺となった悪環境」において「何時誰か参詣するとも判らぬ儘淋しく立っている」状況を目の当たりにした。その経験を契機として碑の移転と新たな慰霊碑建立に向けた取り組みを開始し、一九九〇年に実現している（第三五師団歩兵第二二一聯隊戦友会『マノクワリ慰霊碑建立誌』一九九〇）。

このように「戦没日本人之碑」に関しては、一九七〇年代以降に日本政府が新たに海外慰霊碑を建立した際に移転されたものもあったが、原則として政府はその維持・管理には関与せず、その現状についても積極的に把握に努めることはなかった。そうしたなか二〇〇一年三月二七日の参議院厚生労働委員会において、東部ニューギニアのブナに建立された「戦没日本人之碑」が取り上げられた。建立当時、東部ニューギニアはオーストラリア政府の管轄下にあったが、一九七五年のパプアニューギニア独立後は土地に税金や管理費がかかるようになり、それ以後ブナに在住する日本人が自腹で支払いを続けているという状況が報告されたのである。この指摘によって事態を把握した厚生労働省は翌年一月、現地の政府機関や土地所有者と協議を行い、その結果碑の移設は行わず、日本政府に対しても費用負担は求めないことが申し合わされた。

その後、厚労省では海外に建立された戦没者慰霊碑の実態調査を実施したが、その過程で前述のマノクワリの碑が何者かに持ち去られ泥だらけで放置されているところが発見されるなど、結果として「放置」された格好になったものもある（『朝日新聞』二〇〇七年八月一六日付）。海外に所在する戦没者慰霊碑の「風化」については近年その問題が指摘されつつあるが、その最初の事例ともいえる「戦没日本人之碑」の風化は、一九五〇年代の「遺骨収集団」派遣時に採られた「現地一任」の方針が招いた結果であったといえよう。

遺骨の帰る場所

千鳥ヶ淵戦没者墓苑の設立

戦没者の墓を求める動き

終戦後、復員兵や「遺骨収集団」によって日本本土へ「還ってきた」遺骨のうち、遺族のもとへ届けられたもの以外の多くは、厚生省引揚援護局で仮安置された後、一九五九年三月に設立された千鳥《ちどり》ヶ《が》淵《ふち》戦没者墓苑に納められた（図14）。

引き取り手のない戦没者の遺骨を納める施設の必要性について日本政府内では、一九五二年における米国管理地域への「遺骨収集団」派遣をめぐる交渉時に、すでに検討が始まっていた。同年五月に引揚援護庁が作成した遺骨収容に関する最初の方針案（「外地残留遺骨の処理について（第一案）」）では、「遺族の判明しないもの及び無名の遺骨は、これを適当なる民間団体に交付して、例えば、無名戦士の墓等適当なる納骨施設に収納する」としていた。この時、当局者の念頭にあった「適当なる民間団体」とは、同月一日に発足した「全日本無名戦没者合葬墓建設会」のことであったと思われる。

「建設会」設立の動きは、戦前、国防協会の理事長などを務めていた島崎《しまざき》英世《ひでよ》が終戦後に東京の護国寺を参拝した際、隣接する文京区豊島岡《としまがおか》の旧陸軍墓地が「無残に荒廃」した状況を目の当たりにし、これを整備して「陸海軍関係の無縁仏をここに葬むることが必要」と念願したことから始まった（安藤《あんどう》紀三郎《きさぶろう》談「無名戦没者合葬墓建設会の状況について」一九五二年六月一日）。明治期以降に陸海軍が全国各地に造成していた「軍用墓地」は、軍の解体とともに地方自治体などに無償貸与されることとなったが（蔵国第七二六号「旧軍用墓地の処理に関する件」一九四六年六月二九日）、戦後は管理・維持するものがなく、荒廃するにまかせるものも少なからず存在していた（原田敬一『国民軍の

図14　千鳥ヶ淵戦没者墓苑

神話』二〇〇一)。

そこで島崎は、元海軍大将で外務大臣や駐米大使などを歴任した旧知の野村吉三郎《のむらきちさぶろう》に相談し、これに賛同した野村はGHQに持ちかけて「陸軍墓地四千坪を国から無名戦士墓地建設の準備会に払下げを受け得るよう許可を取付けた」という。その後、元陸軍中将で戦前に大政翼賛会《たいせいよくさんかい》副総裁や内務大臣などを務めた安藤紀三郎が中心となり、第三次吉田内閣で運輸大臣に就任していた村上義一《むらかみぎいち》参議院議員を会長に迎えて、平和条約発効直後の一九五二年四月三〇日に発起人総会を開催し、同会発足の運びとなったのである。

「建設会」が目指したのは、「宗教的色彩を払拭し、諸外国に見らるる例にならって、外国使臣等も必ず参拝するようなもの」であり、米国のアーリントン墓地やフランスの凱旋門にある「無名戦士の墓」に匹敵するような「大霊園」であった。ただし、「建設会」としては「この事業は、元来、国の当然の責任として国が主体となって、実施されてしかるべきもの」であるとも考えていた。同会の事務局長となった安藤は、政府からの聴き取りに対して次のように述べている。

国として更《あらた》めて無名戦没者墓地として恥しからぬものを建設するために乗出されるにおいては、会としては当然その方に万般の協力を吝《おし》むべきではないと考えている(「無名戦没者合葬墓建設会の状況について」)。

一方、政府の側においても、戦没者の遺骨を納める施設の建設を民間に任せるのではなく、国として建設する必要性を認識するようになっていた。「第一案」から約一週間後に引揚援護庁が作成した方針案（「米国管理地域内玉砕地の遺骨処理要領案」）では、「適当なる民間団体に交付」するとの文言は削除され、「残余の無名遺骨は中央に納骨堂を建立して納骨奉祭する」に修正された。そして米国管理地域への「遺骨収集団」の派遣を最終的に決定した一九五二年一〇月の閣議了解では「備考」として次の文言が明記された。

送還した遺骨のうち、氏名の判明せるものは、その遺族に交付し、残りは国において納骨堂を建てて納骨することを建前とする。

「納骨施設」として

この閣議了解を受けて、一九五三年に入ると政府内での具体的な検討が本格化した。全日本無名戦没者合葬墓建設会をはじめ、日本宗教連盟や日本遺族会、海外戦没者慰霊委員会など関連団体との協議も始まり、同年一〇月六日の打合せ会では結論として「引き取り手のない戦没者の遺骨を国の責任において埋葬することは当然」であることで認識が一致した（「戦没者納骨施設についての打合せ会」一九五三年一〇月六日）。

そうしたなか、一一月一二日に厚生大臣官邸で行われた懇談会では、施設の性格についても出席者（元復員局長の上月良夫か）から次のような見解が示された。

国は物質として納骨施設を建てるもので、慰霊として精神的な扱いとしてはし（ママ）ない。国家は物質として扱う範囲に限られるのではないか。慰霊の面では宗教連盟に任せるのではないか。今度納骨するのは無縁者の遺骨の引渡しができんから納骨施設を国が造るのではないか（「懇談会記録」一九五三年一一月一二日）。

海外戦没者慰霊委員会の副委員長で参議院議員（社会党）の山下義信《やましたよしのぶ》も次のように指摘した。

今役所の棚のうえに塵をかぶつている遺骨の収納施設を「墓」として造るんだ。これが国会で考えているのは、この線だ。

あくまで「納骨施設」を建設するという趣旨のこれらの発言は、政府側の本音を端的に言い当てるものであった。一九五六年の時点で引揚援護局には陸軍関係の戦没者の遺骨が約八万三〇〇〇柱、海軍関係についても約五〇〇〇柱が厚生省庁舎ないしは地方復員部に仮安置されており、「その処置が問題となっていた」（田辺繁雄《たなべしげお》「墓苑の創設にあたって」一九七五）。したがって政府の考えとしては、これらの遺骨をそのままの状態にしておくことは、「遺骨収集の本義に副わず、且つ、遺族の念願にも反すること」であるので、「すみやかに納骨する措置をとりたいと考えた次第」（厚生大臣談、一九五三年一二月一一日）であった。

こうして、関係団体との協議を経て閣議決定された「『無名戦没者の墓』に関する件」（一九五三年一二月一一日）では、施設に納める遺骨の範囲について、「『墓』に納める遺骨は、政府において収集する戦没者の遺骨及び現に行政機関において仮安置中の戦没者の遺骨であつて遺族に引き渡すことのできないもの」とすることが明記された。

しかし、閣議決定を経てなお「墓」の性格は議論の焦点となった。

「無名」か「無縁」か

仮称ながら閣議決定の件名となった「無名戦没者の墓」という名称は、一九五三年一一月一二日の懇談会において山縣勝見《やまがたかつみ》厚相が提案し、関係団体の同意を得たものであった。とはいえ、政府当局においてもこの名称にいささか戸惑いをみせていた。閣議決定に際して作成された「説明資料」の原案には、次のような説明がみられる。

「無名」という用語は、この場合必らずしも正確な用例ではなく、むしろ「不明」又は「無縁」というべきものであるが、慣用上敢えて「無名」という用語でも差し支えないのではないかと考えている（「『無名戦没者の墓』に関する説明資料」一九五三年一二月）。

この説明からもわかるように、政府において納骨の対象として認識していたのは、「無名」ではなく、あくまで「無縁」戦没者の遺骨であった。この場合の「無名」とは「名の分からないこと」（『広辞苑』）を指しており、一方、「無縁」とは「死者を弔う縁者のないこと」（同）を意味するものである。したがって、たとえ氏名が判明していたとしても引き取り手のない遺骨は「無縁」のものとして納骨の対象となり得るという点で、両者には違いがあった。しかし閣議決定にあたっては、その違いを認識しつつもそれに拘泥することなく「慣用上敢えて『無名』という用語でも差し支えない」としたのである。

他方で、「無名」という用語を使用して「無名戦没者の墓」ないし「無名戦士の墓」という名称にした場合、諸外国の例にあるように、それが全戦没者を象徴する意味もあわせ持ち得ることを、政府も、そして関係団体も十分に認識していた。一九五四年六月一六日に開催された打合せ会においてこの点はより明確となった。この席上、田辺繁雄引揚援護局長は「墓」の性格について政府の立場を次のように説明した。

墓の性格は（中略）端的にいえば、戦没した者の無縁遺骨を収納する納骨施設である。したがつて、この墓は、全戦没者を祭祀する靖国神社とは、根本的に性格を異にし、両者はそれぞれ両立しうるものである。又この墓は、外国における無名戦士の墓とも異るものである。外国における無名戦士の墓は、国営の戦没者の墓から一体を移し、これによつて全戦没者を表徴するものとする建前をとつておるのであるが、今回国において建立する墓は、このような趣意は含まれていない（「『無名戦没者の墓』に関する打合会議事記録」一九五四年六月一六日）。

しかし、この説明に対しては出席者から異論が続出した。

外国の例をみても、墓に一部の遺骨を納骨しておつてもこれを全戦没者の墓としているのが例である。収納した遺骨が全戦没者遺骨の一部であるということにこだわらず、観念的に全戦没者を含めた墓というようにしてほしい。

（井下清《いのしたきよし》、日本造園学会長）

外国の例をみても、全戦没者が象徴的にすべて祀られていることになつている。

（山下春江《やましたはるえ》、自由党衆議院議員）

墓は、総ての戦没者の墓として、国民が詣でるものでありたい。

（清水菊三《しみずきくぞう》、日本英霊奉賛会常務理事）

結局このときの打合せ会では、「墓」が全戦没者を象徴するものであるか否かという点に関して結論をみることはなかった。ただし「墓」の名称については、政府当局が提示した四つの選択肢（①無名戦没者の墓、②無名戦士の墓、③海外戦没者の墓、④無縁戦没者の墓）のうち、閣議決定された「無名戦没者の墓」とする方向で落ち着くこととなった。

遺族会の主張

「墓」の名称に関しては、一九五四年六月の打合せ会に出席していた日本遺族会副会長の逢沢寛《あいざわかん》衆議院議員（自由党）も「遺族会の支部に指令して応募したが結局『無名戦没者の墓』だろうということだつた」と述べて同意を示した。

しかし、その設立場所については、遺族会の「強い要望」として靖国神社の境内とすることを強く主張した。その理由について打合せ会の席上、逢沢は次のように述べている。

海外の例を見ても、このような墓は将来儀礼的行事の中心となり、外国使臣もここに詣ることとなるだろうが、墓に詣つた人が、総て靖国神社にも詣でることになることが望ましいので、墓の敷地は、是非とも靖国神社の境内とされたい。

ここでとりわけ遺族会が懸念したのは、新たに戦没者の「墓」が建設されることによって、靖国神社と国家とが切り離された状態が固定化するのではないかという点であった。戦後、GHQの占領政策によって靖国神社は、存続こそ許されたものの一宗教法人としての扱いとなり、国家はその運営に関与しないこととなった。そうしたなかで国家が新たな「墓」を建設したならば、参拝客が減少し、靖国神社はやがて廃れてしまうのではないかと遺族会は危惧していた。しかしそれが靖国神社の境内に建設されるのであれば、参拝客はかえって増加するとともに靖国神社と国家との関係が新たに設定されることとなり、遺族が抱く不満も解消しうると考えられたのである。とはいえ、この遺族会の主張は他の団体にとっては受け入れにくいもので、打合せ会の席上でも反対意見が相次いだ。

その後、政府内でいくつかの敷地候補が検討された結果、一九五六年一一月末の閣議においてようやく「千鳥ヶ淵水上公園前の宮内庁用地」（旧賀陽宮《かやのみや》邸跡）が最も適切な候補地であることで意見の一致をみた。「遺骨収集団」の派遣が進展し、引き取り手のない遺骨が増加する状況において政府は「墓」の建設を急いでおり、全国戦争犠牲者援護会（会長・砂田重政《すなだしげまさ》）をはじめとする他の関係団体からも早期建設の声が高まっていた。しかし、この時点においても遺族会は「二百万の霊を祭る靖国神社が何ら国家の援助も受けていないのに、八万余の遺骨のために国費で墓を作るのは納得できぬ」として強硬に異を唱えた（『読売新聞』一九五六年一二月一日付）。一二月三日に行われた打合せ会で逢沢副会長は、この問題を再度提起している。

靖国神社に祀られる二百万の英霊と、墓に納める八万の御遺骨とを同じに考えられることはないと思うが、遺族としては墓の建設によって両者が二分されることに不安をもつのでその主旨について伺いたい（「『無名戦没者の墓』（仮称）に関する第二回打合会議事記録」一九五六年一二月三日）。

これに対して小林英三《こばやしえいぞう》厚相は次のように答えた。

墓を建設する主旨は、現在一時お預りしている御遺骨、いわば無縁仏を早く葬って上げたい点にあるのであって、靖国神社と二分する考えはもっていない。むしろ靖国神社の御発展を祈念している次第である。

この小林厚相の発言は、「墓」はあくまで「無縁仏」の「納骨施設」であるという従来の政府当局の見解に則したものであった。すなわち、「墓」の性格を限定的にとらえることで、「墓」と靖国神社とは両立しうるという論法であった。その結果、打合せ会の翌日には当初の予定どおり、墓の敷地を千鳥ヶ淵とすることが閣議決定されたが（「『無名戦没者の墓』の敷地に関する件」一九五六年一二月四日）、一方で、遺族会の理解を得るためにこの点が強調されたことで、それまで棚上げにされていた「墓」の性格をめぐる議論がそれ以上深められずに終わる結果を招き、遺族会の側では「墓」が無縁遺骨の納骨施設に過ぎないものであるとの認識が定着することとなった。遺族会が一九六二年に刊行した『日本遺族会十五年史』では、墓苑の性格について次のように記している。

（千鳥ヶ淵戦没者墓苑は）あくまで無名、無縁の遺骨を納める施設であって、全戦没者の遺骨を象徴、代表するものでなく、また国家的権威に支えられた「合掌の場」でもない、と規定された。

「千鳥ヶ淵戦没者墓苑」の設立

「墓」の建設工事は一九五八年夏に開始されたが、工事開始の時点においても「墓」の名称としては「無名戦没者の墓」という仮称が使用されていた。そこで改めて正式名称が検討されることとなり、いったん「千鳥ヶ淵墓苑」に内定したが（一九五八年一二月一日）、最終的に「千鳥ヶ淵戦没者墓苑」に決定したのは竣工式のわずか一月半前、一九五九年二月六日のことであった。その間の事情について、元引揚援護局長で墓苑設立時に厚生事務次官であった田辺繁雄は次のように振り返っている。

当時の援護局次長の美山要蔵氏の発案で墓苑としたらどうか、又戦没者は皆、水を欲しがって死んでいったのだから地縁のある千鳥ヶ淵というのを入れたらどうかということになり、又援護局長から戦没者という語を入れたいということで、現在の千鳥ヶ淵戦没者墓苑と称することになった（「墓苑の創設にあたって」）。

また、「墓」ではなく「墓苑」となった理由について美山自身は、「墓」は「霊」と結びつけられやすく必然的に宗教色が濃くなるが「墓苑」の場合はその「濃度が減少」すること、「無名」という用語が避けられた理由については、「日本人の特にご遺族の間には、どうもぴったりなじめない」きらいがあったためだと説明している（「墓苑の場所選定と名称について」一九七三）。いずれにせよ、政府当局者を中心に考案されたこの新名称により、「墓」の名称とその性格とを結びつけて議論されることは回避された。

こうして一九五九年三月二八日に「千鳥ヶ淵戦没者墓苑」の竣工式が行われ、昭和天皇と皇后を迎えて追悼式が挙行された。このとき納骨された遺骨は八万七一〇一柱で、そのうち約七万三〇〇〇柱が中国（旧満洲を含む）からのものであった。そのなかには、奉天の忠霊塔に納められていたもの（約三万七〇〇〇柱）や、上海の本願寺に安置されていたもの（約三五〇〇柱）が含まれており、南方地域からのものは約一万柱であった。「千鳥ヶ淵戦没者墓苑」の設立により、それが諸外国にみられるような「無名戦士の墓」としての性格を併せ持つものであるという考え方が完全に消滅したかというと、必ずしもそうではなかった点には注意する必要がある。

海外戦没者の「象徴遺骨」

竣工直前に当局が作成した内部資料では、墓苑に納骨される遺骨は「広く大東亜戦争の全戦没者の遺骨の象徴的一部である」と述べられている（厚生省引揚援護局「創建墓苑の収納遺骨と三月二八日の追悼式の主旨について」一九五九年三月六日）。この点に関して、元次官の田辺は「（納骨されている）遺骨は海外全戦没者の遺骨の一部ではあるが、しかしそれは全遺骨につながるものであるという風に私は考えた」と述べている（「墓苑の創設にあたって」）。また、厚生省を退官後、千鳥ヶ淵戦没者墓苑奉仕会の常務理事（のち、理事長）となった美山は、墓苑の参拝者に対して「このお墓には大東亜戦争で亡くなられた二四〇万の戦没者の表徴的なお骨をお納めしているのです」と説明していた（「墓苑の場所選定と名称について」）。この「二四〇万の戦没者」とは「外地で亡くなられた全戦没者」、すなわち海外戦没者のことを指したものである。

こうした考え方は、これまでみてきた「遺骨収集団」の派遣をめぐる米国との交渉の結果一九五〇年代において採用された方針、すなわち、海外戦没者の遺骨はあくまで「印程度」に収容し、収容された遺骨を各戦域の戦没者全体の「象徴遺骨」とみなすとした方針と密接に連動していた。この意味での「象徴遺骨」は、諸外国の「無名戦士の墓」において使用される「象徴遺骨」(無名戦没者の一つの遺骨が全戦没者の遺骨を代表する)とは微妙に性格が異なるものであって、先述したように政府はすでに「墓苑」が諸外国におけるような「無名戦士の墓」ではないとの見解を明確に示していた。しかし一方で、「収集団」によって収容された海外戦没者の「象徴遺骨」のほとんどが氏名不詳のものとして墓苑に納骨されるにおよんで、「墓苑に納骨された遺骨」=「海外戦没者全体を象徴する遺骨」という図式が成立し得ることを田辺や美山ら政府当局者は墓苑の設立前からすでに意識していた。それは田辺がいうように、「海外の無名戦士の墓とは違い、日本の御遺骨の場合の実態解釈によるもの」(「墓苑の創設にあたって」)であった。一九七〇年代に厚生省援護局が編集した『引揚げと援護三十年の歩み』(一九七八)では、戦没者処理の国際比較に関して、海外戦没者の遺骨を一体残らず回収して祖国へ持ち帰る米国方式と、現地に戦没者墓地を設置して埋葬し、それを王立戦争墓地委員会が管理するという英国方式を紹介したうえで、「墓苑」について次のように説明している。

海外の旧激戦地における現地追悼及び遺骨収集にあたり戦没者の遺骨中からその一部

を当該地域戦没者の象徴遺骨として内地に持ち帰り、その納骨施設を建立することから出発しているわが国の戦没者墓苑は、米・英両国方式の中間に位する方式というよりも、むしろ独特なものということができる。

この「象徴遺骨」という考え方が墓苑設立後にいっそう強調されるようになった背景には、「墓苑」の存在感、ないしは認知度があまりに低かったことが影響していたように思われる。実際、墓苑設立からひと月半の時点で早くも「観光バスも来ぬ／さびしい『無名戦士の墓苑』」という記事が掲載されて、訪れる人が少ない状況を伝えている（『朝日新聞』一九五九年五月八日付）。また、同年八月の記事でも「多くの人がここを知らぬ」という墓苑の現実を取り上げ、「無名戦士の墓、と名づければいいものを『千鳥ヶ淵戦没者墓苑』とワザワザわかりにくい名にしたお役所流にも責任がある」と指摘している（『朝日新聞』八月二日付）。美山自身、「今日尚無縁仏のお墓で、可哀想な方のお墓ぐらいに軽く考える方が殆どであることは残念」と述べている。こうした状況に対して設立に関わった当事者たちは、墓苑の存在意義を高める必要性を痛感していたものと考えられる。

とはいえ、一九六〇年代後半に新たな方針のもとで海外戦没者の遺骨収容が再開されると、「印的発掘」に由来する「象徴遺骨」という考え方自体が後景に退くこととなった。また、墓苑の性格を拡大して解釈することは遺族会の主張と相いれないものであり、当局としても「象徴遺骨」を用いた説明には慎重にならざるを得なかった面があったように思われる。

このように、国が設立する「墓」の性格をめぐってはさまざまな議論がなされたが、結局その性格を明確にすることは棚上げにされ、設立後もあいまいな性格の状態が続いていた。墓苑の設立から五〇周年を記念して千鳥ヶ淵戦没者墓苑奉仕会が刊行した『千鳥ヶ淵戦没者墓苑創建五〇年史』（二〇〇九）には、「墓苑の性格」として、次のような記述がみられる。

この墓苑を全戦没者慰霊の象徴的施設としたいという多くの意見が墓苑建設以来続いているが諸般の事情から公式見解として出すに至っていない。

「釜墓地」からの問い

ここでいったん占領期まで時計の針を巻き戻すこととしたい。すでにみてきたように、占領期においてGHQのイニシアチブにより日本政府は海外戦没者の処理に関する検討を開始したが、その後さしたる進展はなく、結局この問題が本格的に動き出したのは講和後になってからのことであった。しかし、講和以前において、復員兵が持ち帰ったもの以外に海外から戦没者の遺骨が帰還した事例が存在する。それは、フィリピンのカンルーバン収容所に埋葬された遺骨の帰還であり、この事例がその後たどった展開は、戦後の海外戦没者処理問題に大きな一石を投じるものであった。

フィリピンからの遺骨帰還

フィリピン・ルソン島の日本人収容所の一つであったカンルーバン収容所は、マニラから東南二四キロのモンテンルパ収容所よりもさらに約二〇キロ南に位置するフィリピン最大の日本人収容所であった。日本軍の軍医であり、収容所の米軍病院（第一七四病院）で診察を行った守屋正によると、収容された日本人の多くは病人で、収容後に死没した日本人の多くがカンルーバン収容所に隣接する墓地に埋葬されたという（守屋正『比島捕虜病院の記録』一九七三）。墓地には番号とネームプレートが付された十字の白い墓標が建てられ、その数は夥しい数にのぼった（図15）。

図15　カンルーバン収容所墓地に並ぶ白い墓標
（守屋正『比島捕虜病院の記録』p. 15）

　これらフィリピンに所在する米国管理下の日本人戦没者の処理について米国側が検討を開始したのは一九四八年春のことであった。もともと米国側は日本政府に対して一九四八年半ば以降の遺骨送還をほのめかしており、その実施の前提となっていた米国戦没者の遺体収容作業は、この時期にはひと段落していた。

米国政府内での検討の結果、一九四八年八月、フィリピンにある日本人戦没者は日本の責任において処理されるべきとの結論が出された。この結論を受けて八月二五日、GHQのリヴィスト少佐は、カンルーバン収容所に隣接する墓地に埋葬された約五〇〇〇体の遺体と遺骨の引き取りについて日本側の意向を打診し、同時に発掘・火葬や人員、費用などについて具体案を提示するよう要求したのである。

日本側では、外務省と引揚援護庁復員局が中心になって対応策の検討を開始した。外務省は基本方針として、「一般に日本国領域外に在る戦歿将兵の遺骨は関係国の事情が許す限り原則として内地に持帰る方針を採る」ことを示したが、これはすでにみたように、一九四六年以来政府内で検討してきた「内地還送」の原則を確認するものであった。また具体的な計画として、日本の便船を輸送船として利用すること、発掘等の作業は可能な限り日本人の作業員によって行うこと、事情が許す限り現地にて火葬してから輸送することなどを決定した（引揚渡航課「比島に在る戦没将兵の遺骨持帰りに関する件」一九四八年九月七日）。この計画案は九月一三日の次官会議で報告された後、同月一六日にGHQに提示された。

米国による輸送

この計画案に対して、一〇月八日にGHQからもたらされた回答は日本側にとって予想外のものであった。すなわち、フィリピンに日本人の作業員を派遣し現地で遺体・遺骨を火葬して日本に持ち帰る案は「比島の治安が日本人の活動を許さない状況」にあるため「実現困難」として、米国側の手で発掘して日本まで輸送し、本土上陸時に日本側に引き渡したいと伝えてきたのである（引揚渡航課「比島にある戦没将兵の遺骨持帰りについて」一九四八年一〇月八日）。また、米国側としては火葬に関する日本の風習について知識もなく現地には設備もないことを挙げて、本土到着後に日本側が火葬を行うように要請した。

この回答に対して日本側は「米側が遺骨を送還してくれる好意は非常に有難たい」ものであり、現地での火葬が望ましいが「遺骨を送還してくれる折角の好意に対し当方丈の便宜を主張するのは返って失礼」であるとして、米国側の提案を受諾した。これにより米国側も一〇月二六日、カンルーバン収容所の遺体・遺骨を日本へ送還することを正式に決定した。そして一二月三〇日、極東軍司令官の命令として米第八軍司令部は、①送還される遺体・遺骨を佐世保引揚援護局にて引き取ること、②引き取った遺体・遺骨を「親近者又は之を受領すべき法定代理者」に引き渡す準備をすること、③引き渡し不可能な遺体・遺骨に対して適当な埋葬を手配することを日本政府に命じた。

これを受けて日本政府内では、本土到着後の具体的な処理計画について検討を開始した。そのなかで特に重視されたのは、遺体・遺骨の遺族への引き渡しであった。米国側からは事前に連名簿の存在が伝えられており、一九四九年一月初旬には、火葬作業と並行して速やかに引き渡し先の調査が進められるよう作業要領を決定した。作業の手順としては、旧陸海軍関係については留守業務部ないし第二復員局残務処理部が、一般邦人については外務省管理局が遺骨伝達先の調査を行うこととし、伝達先が判明した場合には旧軍人・軍属の分は地方世話課を経由して遺族に伝達し、民間人の分は援護局が処理すること、伝達先が不明な場合や無縁仏として認定するまでの調査期間については追って決定することなどが確認された（引揚援護庁復員局長より外務省管理局長宛公信一復二六〇五「比島から還送された遺体の処理に関する件」一九四九年一月六日付）。

火葬作業

こうして日本側の受け入れ準備が進められるなか、戦没者の遺体・遺骨を積載したボゴタ丸は一九四八年一二月二一日にフィリピンを出港し、予定より五日遅れの一九四九年一月九日、佐世保市針尾《はりお》北町の浦頭《うらがしら》港に入港した。そして翌一〇日午前一〇時四五分、ボゴタ丸船上にて、日本政府を代表して笠島角次郎《かさじまかくじろう》佐世保引揚援護局次長が第八軍より派遣されたフロール中佐から遺体・遺骨と連名簿の引き渡しを受けた。斉藤惣一《さいとうそういち》引揚援護庁長官は、一月一四日、フィリピンにおける発掘と日本への輸送はすべて米国側の手によってなされたとの事実を明らかにして米国の好意に謝意を表するとともに、送還された遺体・遺骨は「一般戦没者の遺骨と同じように各都道府県庁を通じて関係遺族の手にお渡しする」との談話を発表した。また斉藤長官からは、「人道主義に立脚したアメリカ軍特別の御好意」に謝意を表した感謝状（二月二五日付）がマッカーサー最高司令官に宛てて送られた。

さて、遺体・遺骨が納められた箱は五四九箱にのぼり、それらはいったん艀《はしけ》に移されたのち、一月一一日、佐世保市江上町釜地区の佐世保引揚援護局内に作られた安置所へ運ばれた。安置所に納められた遺体・遺骨は一月一三日より、援護局の南西約一キロの地点に設けられた野天火葬場で火葬された。遺体は一箱に平均八体ずつ収納され、一体ずつを紙で包装して名札が付されており、箱の外側にも氏名が記入されていた。こうした「極めて丁重厳重」な米軍の取り扱いぶりに日本側は大いに感激したという。また火葬に際しては、民間業者からも作業請負の申し出があったが、「遺体ではあるが生きて帰つた引揚者と変らぬ気持」で「ねんごろに処理しなければならない」という「引揚援護の精神」から、原則として作業は援護局職員によって行われた（佐世保引揚援護局編『局史』下巻、一九五一）。

初日の作業で火葬されたのは一〇箱分（八〇体）であったが、作業が順調に進んだため、翌日からは一日あたり一五箱（一二〇体）、さらに一月二〇日からは二〇箱（一六〇体）も

図16　火葬作業の様子（佐世保釜墓地戦歿者護持会提供）

の火葬が行われた。作業時には、名簿と遺骨が齟齬をきたさないように、約二〇体に対して一名ずつの調査係を配置するなど細心の注意が払われた。作業は一か月にわたってほぼ毎日行われ、作業を中断したのは一月二三日の衆議院選挙日と豪雨のあった二月一日の二日間だけであったと記録されている。こうして、当初二か月程度かかると思われていた火葬作業は、作業開始からちょうど一か月後の二月一三日にすべて終了した（図16）。

困難な氏名照合作業

火葬と並行して、連名簿に記載された氏名から遺骨を伝達すべき遺族を特定する作業が行われた。作業の過程で、実際に送還された遺体・遺骨数は四五一五体・三〇七柱の合計四八二二体（柱）であることが判明したが、米軍から渡された連名簿はローマ字表記のものであり、誤りも多かったため、氏名の照合作業は困難を極めた。

遺体の名簿には氏名のみしか記載されておらず、四五一五体のうち五五四体は最初から氏名不詳（unknown）とされており、朝鮮人および台湾人と思われる名前が一三〇人分、フィリピン人と思われるものが八三人分存在した。また、名簿上は遺体とされているが、実際には霊璽《れいじ》や少量の遺骨、あるいは遺髪や破損した遺骨の小箱となっているものも九一人分存在することが判明した。

他方、三〇七柱の遺骨の名簿には階級や所属部隊・戦没地・戦没日といった詳細な情報も付されていたが、これは終戦直前の一九四五年八月に米軍に臨検されマニラへ回航された陸軍病院船の橘丸が積載していた遺骨であった（佐世保釜墓地戦歿者護持会『慟哭の釜墓地』二〇〇五）。

こうして進められた照合作業の結果、一九四九年一月末には七五〇柱の伝達先が判明した。遺骨の発送は三月末以降に開始され、その状況は随時米軍にも報告された。四月五日の時点で伝達先の判明数は、陸軍が一二一六柱、海軍が六二五柱、一般民間人が二七柱と報告されている（「比島から還送された遺体処理に関する第八軍司令部宛報告の件（其の四）」一九四九年四月九日）。また一九四九年六月の段階では、遺族へ引き渡し済みの遺骨は陸軍が八一一柱、海軍が八三二柱であり、一般人の引き取り先はまだ判明しておらず、六月一七日の時点で佐世保引揚援護局内に奉安されている遺骨数は二八七二柱との報告がなされている（「比島引揚遺体引取人調査に関する件」一九四九年六月二四日）。そして同年一二月の時点では、氏名不詳ないし未伝達の遺骨は二〇七五柱であり、それらは留守業務部に移管したという記録が残っている（引揚援護庁編『引揚援護の記録』一九五〇）。これらの記録からは、本土到着からおよそ一年のうちに半数以上の遺骨が遺族のもとへ「帰った」ということになる。

忘れられた釜墓地

フィリピンから帰還した遺体を火葬して遺骨を箱に納めた後には、少量の残骨と遺灰が残された。佐世保引揚援護局の『局史』によれば、これを火葬場近くの景勝地に集めて塚として供養塔を建立し、「長くそのめい福を祈ることにした」とされる。現在も残る供養塔（図17）の裏面には由来が刻まれており、そこには「比島より還送の遺体四五一五柱及開局以来当地に於て火葬に附したものの残骨」を埋葬したとある。実際、フィリピンから送還された遺体や遺骨以外に、復員・引揚船の船中や上陸後に佐世保引揚援護局内で死亡し火葬処理が行われたものは、一九四八年六月までに軍人・軍属と一般人をあわせて三七九三人にのぼっていた（『局史』上巻）。供養塔はこれらの残骨と遺灰を埋葬した場所に建立されたのであり、この場所は地名から「釜墓地」と呼ばれるようになった。

一九五〇年五月一日に佐世保引揚援護局が閉局すると、釜墓地を含むその跡地は一九五七年九月まで警察予備隊ないし保安隊・自衛隊の針尾駐屯地として使用された。この間隊員による自発的な清掃や「墓前祭」が行われることもあったが、供養塔の存在も、フィリピンからの遺骨帰還という事実自体も風化し、釜墓地は忘れられた存在となった。

こうした状況に対して火葬現場係長であった平井富雄は一九五七年に、援護局の閉局以来「一度の法要も行われず、ただ荒れ果てるままに任せて、まったくの無縁墓地と化した」とうったえる嘆願書を各方面に送付した（小西龍造『戦後なき遺体』一九八四）。また同年九月の参議院外務委員会では、平井の証言に基づきフィリピンから送還された遺骨が「放置」されているとの状況が指摘された。

その後、平井の嘆願に共鳴した僧侶たちが托鉢《たくはつ》を行い、一九五九年一〇月には釜墓地に慰霊碑を建立し、一九六四年一〇月には本仏寺という御堂と梵鐘を建設するに至った（図18）。そして一九六五年から翌年にかけては慰霊祭が実施され、佐世保市長や陸上自衛隊相浦《あいのうら》駐屯地司令が参列するなどしたが、一九六七年一月に平井が急逝したことで、以後慰霊祭は中断となった。そしてその頃、周囲の工業団地建設などにより釜墓地に通ずる道が分断されるなどしたため、その後は荒れ放題の文字どおり忘れ去られた墓地となった（『慟哭の釜墓地』）。

図17　釜墓地の供養塔

図18　釜墓地

遺骨の行方

こうした状況が改善されたのは一九八〇年代になってからのことである。一九八二年六月に長崎博愛会の宮内《みやうち》雪夫《ゆきお》理事長（長崎県議会議員）が中心となって戦没者釜墓地護持会（現・佐世保釜墓地戦歿者護持会）が結成され、同年より慰霊祭が再開されることとなった。結成当初より護持会がその活動において慰霊祭とともに重視したのが、フィリピンから送還された遺体（遺骨）の行方を明らかにすることであった。一九八二年八月、本仏寺に残されていた名簿（米軍から交付された連名簿をローマ字のまま書き写したもの）が大阪で開催された読売新聞社主催の「戦争展」に出陳された。このことが『読売新聞』紙上にて大きく報じられたことにより、釜墓地の存在は一躍注目を浴びることとなった。「戦争展」では名簿のコピーが複数部用意され、名簿の存在を知った遺族たちが押し寄せて熱心に肉親の名前を探す光景が見られた。

「戦争展」に先立ち護持会では同年七月に、フィリピンから送還された遺体（遺骨）の行方について厚生省に照会していた。その結果、翌八月に同省から、名簿上で氏名不詳（unknown）であった五五四柱と遺族不明とされた八二柱の合計六三六柱を、一九五九年三月の設立時に千鳥ヶ淵戦没者墓苑へ納骨したとの回答を得た（『慟哭の釜墓地』）。したがって、残りの四一八六柱は遺族のもとへ「帰った」という計算になるが、この数字に疑問を抱いた護持会や『読売新聞』、ルポライターの小西龍造らが、遺族へ伝達済みとされる四一八六柱についての追跡調査を行った。その結果、『読売新聞』が厚生省から入手した「比島還送遺体交付先連名簿」をもとに遺骨が伝達済みとされた山梨と群馬の遺族を調査したところ、一六遺族のうち実際に遺骨が「帰ってきた」との回答を得たのは、わずかに三遺族であったことが判明した（読売新聞大阪本社社会部編『フィリピン―悲島』一九八三）。小西もまた独自調査を行い、名簿に記載のあった遺族のうち、調査した四〇〇人余りのほとんどが実際には遺骨を受け取っていないとの調査結果を発表した（『戦後なき遺体』）。この問題は一九八四年六月の衆議院社会労働委員会でも取り上げられたが、政府からは先の護持会への回答以上の答弁はもたらされなかった。

しかしその後、残されていた名簿に姉の名前を発見した女性が改めて厚生省に照会した結果、同省は納骨済みと先に護持会へ回答した六三六柱に加えて、氏名は判明したものの伝達先不明とされた七五八柱についても、一九六五年三月に他の遺骨とともに千鳥ヶ淵戦没者墓苑へ納骨したという事実を初めて明らかにした（『毎日新聞』一九八五年八月九日付）。したがって公的な記録によれば、フィリピンから送還された遺体（遺骨）のうち、遺族へ伝達されなかったものが実際には少なくとも合計一三九四柱も存在していたということになる。これは全体の約三〇％にあたる数字であり、送還された戦没者のおよそ三人に一人は遺族のもとへ「帰らなかった」という計算となった。

「偽りの無名戦没者墓苑」

このように、護持会等の調査活動がきっかけとなり、フィリピンから送還された遺体（遺骨）の行方に関して新たな事実が判明したが、千鳥ヶ淵戦没者墓苑に納骨された遺骨のなかに氏名が判明している遺骨も含まれていたという事実は、「偽りの無名戦没者墓苑」として大きく報道され（前出『毎日新聞』）、遺族の不信を招く結果をもたらした。それはすなわち、本土に「還ってきた」氏名判明の遺骨のうち、遺族のもとへ「帰らなかった」遺骨がまだ他にも存在するのではないか、そしてそれらは遺族の知らないうちに墓苑へ納骨されたのではないか、という不信である。

墓苑に納める遺骨の範囲に関しては、「墓」の建設を決定した一九五三年の閣議決定「『無名戦没者の墓』に関する件」において、「政府において収集する戦没者の遺骨及び現に行政機関において仮安置中の戦没者の遺骨であつて遺族に引き渡すことのできないもの」であることが明記されていた。すでにみたように、政府当局者は「墓」の性格を「無名」というよりはむしろ「無縁」であると認識していたのであり、墓苑の建設に至るその後の政府当局者の説明においてもこの考え方は基本的に踏襲されていた。

しかし、一九五九年三月の墓苑設立と前後して、政府はしばしば墓苑に納骨される遺骨は「すべて氏名の判明しないもの」であるという説明をくりかえしていた。前節でみた厚生省の内部資料「創建墓苑の収納遺骨と三月二八日の追悼式の主旨について」では、「遺骨は全部無名」であることが明記されていた。また、三月一三日の閣議報告においては「この墓に収納される遺骨は、戦後、政府によって、各戦域から収集された無名の遺骨であり（中略）追悼式は、この収納遺骨によって象徴される支那事変以降の戦没者に対して行なう」との説明がなされている。他にも次のような説明が散見される。

この墓苑に収めることとなりました遺骨は（中略）すべてが氏名の判明しないものであります。

（田辺厚生次官「千鳥ヶ淵戦没者墓苑の建設に関する経過報告」一九五九年三月二八日）

氏名の判明しておりますものは、全部各都道府県にお渡しをし（中略）氏名の判明しておりません御遺骨につきましては、全部これを国にまとめまして、今回完成いたしました墓苑にお納めする。

（河野鎮雄《こうのしずお》引揚援護局長答弁、衆議院内閣委員会、一九五九年三月三一日）

あるいはこれらの説明が示すように、一九五九年三月の墓苑創設当時に納骨された遺骨については実際にすべて氏名の判別しないものであると認識されていたのかもしれない。そして第二回目の納骨が最初の納骨からさらに六年後の一九六五年三月のことであったことから（その後今日まで毎年納骨を実施）、その間において、創設当時になされた「氏名の判明しないもの」という説明がそのまま浸透し、既成事実化していったとも考えられる。実際、釜墓地をめぐる問題が提起された一九八四年頃の墓苑の看板には「ここに納められている御遺骨は（中略）いずれも氏名の判明しないものであります」との説明が掲示されていた（前出『毎日新聞』）。ちなみに、二〇一三年現在は「ここに納められている御遺骨は、（中略）いずれも遺族に引き渡すことのできないもの」となっている）。いずれにせよ、「無名」か「無縁」かで、納骨される遺骨の範囲が微妙に異なっていたのはすでにみてきたとおりであり、墓苑創設時に曖昧にされたこの問題は、遺骨の帰りを待つ遺族にとって決定的に重要であった。遺骨の行方をめぐる遺族たちの指摘は、戦後三〇年近くを経て、墓苑の意味そのものを問い直す契機になったといえよう。

静かな帰還

釜墓地からの問いは遺骨の行方のみならず、そもそもなぜ遺骨帰還の事実が遺族に伝わらなかったのか、という点にも向けられた。その結果、米国側の誠意ある協力のもと、日本側の周到な準備によって遺体（遺骨）が迎え入れられ、職員の熱意によって火葬や遺骨伝達の作業が行われたという、これまでみてきた公文書等の一次史料から再構成される遺骨帰還のストーリーそのものに対しても疑問の目が向けられている。

フィリピンからの遺体（遺骨）の送還は、講和にともない遺骨収容問題が国民的な関心事となる前に、海外に埋葬された多数の戦没者の遺体（遺骨）が日本に帰還した唯一の事例であった。しかし、約五〇〇〇体（柱）という規模や大がかりな火葬作業、周到な日本政府の準備体制と米国側の協力といった当時としては画期的な出来事であったにもかかわらず、常にマスコミの注目を浴びて「賑やかな帰還」となった一九五〇年代の沖縄・硫黄島への遺骨調査や南方への「遺骨収集団」の派遣とは対照的に、「静かな帰還」とでも形容されるべきものとなった。これを伝える報道も限られており、ほとんどの日本人はこの帰還の事実を知らなかったものと思われる。

この点に関して当初日本側が計画したように、日本側の要員がフィリピンの現地を訪問して遺体を発掘し、その帰還を実現することができたならば、あるいは国民的な関心事として注目を集めることとなったかもしれない。しかし結果として「静かな帰還」となった背景には、フィリピン側が日本人の入国を好まなかったことに加え、「公葬等について」の通達にもみられるように、占領下の日本において、遺骨帰還に際して政府や地方自治体の主催による慰霊祭の実施や盛大な出迎え式が実現困難であったという、時代的な制約があったといえる。

こうした状況を鑑みると、フィリピンからの遺体（遺骨）の帰還が、まさに「静かな帰還」であったがゆえに、帰還に関する記憶を政府と遺族との間で同時代的に共有しえなかったことがその後の不信を招く要因になったと考えられる。終戦後、国民全般における戦没者に対する関心は低下し、時には冷淡とさえいえる傾向を帯びるようになった。こうした状況は、一九五一年九月の平和条約調印後に海外戦没者の遺骨の収容問題が国民的関心事として共有されて、ようやく改善の方向へ向かうことになる。その意味では、一九四九年一月という帰還のタイミングは、政府と遺族の双方にとって不幸な結果をもたらす要因となったといえる。

なお、護持会では名簿をもとに、今日も独自に遺族調査を続けており、二〇一四年二月の時点において五七三人の遺族が判明し、そのうち明確に遺骨が届けられたという遺族は皆無であるとの立場をとっている。

新たな段階へ

海外戦没者処理の体系

これまでみてきたように、アジア太平洋戦争における二四〇万人にのぼる海外戦没者の処理は、占領期中にGHQのイニシアチブにより日本政府の検討が開始されたものの、さしたる進展はなく、それが国民的関心を集めて本格化したのは一九五一年の講和を迎えてからのことであった。硫黄島と沖縄への遺骨調査団の派遣を経て、米国との交渉の過程で固まった一九五〇年代における海外戦没者処理の体系は、「遺骨収集団」の派遣、「象徴遺骨」の収容、「戦没日本人之碑」の建立に特徴づけられるものであった。そしてこの体系は、一九五九年三月の千鳥ヶ淵戦没者墓苑の設立によって一応の完結をみることとなった。

戦後初期において日本が新たに構築したこの海外戦没者処理の体系は、大日本帝国の崩壊とともに明治期以降の日本が構築してきた「戦場掃除」と「内地還送」という二大原則が崩壊し、戦没者処理の主体たるべき軍も解体された状況下で、経済的困難や相手国の関係などさまざまな制約のもとで紆余曲折を経て採用することを余儀なくされたものであった。特に米国の要請により、「印的発掘」＝「象徴遺骨」の収容という方式を受け入れざるを得なかったことは、当時「内地還送」方針に傾きつつあった日本側にとって苦渋の選択であった。

しかし、いったんこの方式に基づいて米国管理地域への「遺骨収集団」の派遣が実施されると、政府はその後、他の地域においても同様の方針で「収集団」を派遣することとした。経済復興が優先課題であった当時の日本においては、海外戦没者の遺骨収容はあくまで「実施可能な範囲」において行わざるを得なかった（「海外戦没者遺骨の収集等に関する実施要綱」）。限られた人員と日数・予算、そして相手国との関係といった要因を考慮に入れるならば、「象徴遺骨」の収容方式は、広大な地域に散在する海外戦没者の遺骨を収容するための現実的な方策であったともいえる。

またこの体系は、遺骨の早期収容を強く願う遺族や戦友たちの要望をある程度満たす役割を果たした。自由な海外渡航がまだ制約されていた一九五〇年代において、遺族や戦友たちにとっては「遺骨収集団」によってもたらされる情報が旧戦場の状況を知るためのほとんど唯一の手段であった。「収集団」の活動には多くの困難がともなったものの、遺骨や遺品の収容、そして「戦没日本人之碑」の建立に関して少なからぬ成果を挙げた。また、彼らの動向はマスコミによって大きく取り上げられ、帰国時には大勢の国民が出迎える「賑やかな帰還」となった。こうした点を考慮すると、一九五〇年代におけるこの海外戦没者処理の体系は、戦後日本社会において一定の社会的機能を果たしたものと評価できるだろう。

「一応終了」と認識

しかし一九五八年のフィリピン方面への派遣完了後、政府当局においては「遺骨収集団」の派遣は概ね終了したものとみなされ、海外戦没者処理をめぐる動きはいったん低調となった。一九五〇年代終わりから一九六〇年代前半にかけての国会答弁の場で、遺骨収容問題に関して政府当局者はしばしば次のような見解を示している。

氏名の判明する遺骨はすべて日本に持って帰る、氏名の判明しがたい遺骨につきましては、その一部を象徴的に日本に持ち帰り、自余は現地に厚く弔ってきて、いわゆる遺骨収集は一応終えた形になっておる（山本浅太郎《やまもとあさたろう》援護局長答弁、衆議院社会労働委員会、一九六二年四月一一日）。

もちろん、冷戦下において遺骨収容に着手することが困難であったソ連や中国などに関しては、将来において別途実施する必要性が認識されていた。しかし、南方のいわゆる「玉砕」地域については、まだ非常に多くの遺骨が残されていたにもかかわらず、一九五〇年代に実施された各方面につき一度の「収集団」の派遣をもって「一応終了」したものとみなされたのである。

この政府当局の認識には「象徴遺骨」の収容という考え方が大きく影響していた。すなわち、すべての遺骨を収容することは不可能であるから、各方面で収容可能な遺骨を当該方面の全戦没者の遺骨として象徴的に収容するという考え方である。すでにみたようにこの考え方は、米国との交渉の過程において「収集団」派遣の条件として米国側から提示され、時間的余裕の無いうちに急速に決められたものであり、日本側が十分な検討のもとでの遺家族の心情を考慮して恒久的な方針として確立したものではなかった。にもかかわらず、一九五〇年代を通じてこの方式がとられたことにより、現地に残された遺骨に対する手当てについてはそれ以上政府内で議論が深められることはなかった。その結果、政府当局のなかでは一部の遺骨の収容をもって全体の遺骨収容が終了したという見方が次第に既成事実となっていったものと考えられる。

しかし、遺骨収容が「一応終了」したという政府当局の見解に対しては疑問が投げかけられることになる。一九六四年六月一七日の衆議院社会労働委員会において鈴村信吾《すずむらしんご》援護局長が従来の見解どおり「現段階においては一応は終わったと考えておる」と答弁したが、これに対して河野正《かわのただし》議員（社会党）は、当局の姿勢を「お役所仕事」であると手厳しく批判して遺骨収容の継続をうったえた。すなわち、「現段階で終わったということでなくて、現段階ではここまでやりました」ということならば、「さらにいろいろ遺家族のために今後も作業をやっていただくだけの希望がある」。しかしながら、援護局長がいうように「現段階では一応完了した」ということならば、「今後の問題については非常に消極的である」。それでは残された遺家族の心情としては納得できないとして、河野は重ねて次のように強調した。

要は、問題はどこまで国民なり遺家族にこたえるような血の通った処置が行なわれたか、この辺が非常に問題だと思うのです。ところが、少なくとも私どもは、いままで厚生省のやられたことが、完了をしたということはおろか、遺家族なり国民なりの切なる悲願なり要望にこたえるような処置をやられたというふうには、正直のところ理解をしておりません。

「遺骨収集団」派遣の再開

さらに一九六〇年代に入り、日本社会において経済成長と民生の安定という「慰霊問題の構造変化」（「追悼の政治」）ともいうべき環境的変動が生じたのに加え、一九六四年四月に海外渡航が自由化されると旧戦場を訪問する遺族や戦友が増加し、戦没者の遺骨がまだ多数現地に散在していることが国内に伝えられるようになった。この問題は一九六〇年代半ばにおいて河野議員らによって繰り返し国会の場で取り上げられた。

こうした動きを受けて政府は「戦後二〇年余を経た今日の遺族の心情及び国民感情も十分に考慮し、なるべく早期に遺骨収集の問題が終結するよう努力する」（『厚生白書』一九六六年度版）との新たな認識のもとで、一九六七年度より「遺骨収集団」の派遣を再開することになる。その趣旨は、海外戦没者の遺骨収容は「本来国の責任と主体において実施すべきもの」であるが、民間団体等による遺骨収容の企画や実施がみられるようになったことから、政府として「従来の遺骨収集を補完し最終的措置を行なう」ことにあった（援護局「海外戦没者の遺骨の収集について」一九六八年二月）。その結果、一九六七年から一九七二年までの間に八万二六七九柱が収容された。

しかし、それでも「なお十分とはいえない実情」（厚生省「海外における生存未帰還者の救出及び戦没者遺骨の収集等の実施要綱」一九七二年二月）にあるとして、一九七三年度からは「第三次計画」として、一九七三年から一九七六年にかけて九万三六二八柱が収容された。ちなみに今日、一九五〇年代における「遺骨収集団」の派遣についてしばしば「第一次計画」と表記されるが、これまでみたように政府による「収集団」派遣は当初より複数次計画として立案されていたわけではなかった。したがって、「第三次計画」が実施されるにおよんで初めて、過去にさかのぼって「第一次」（一九六七年から一九七二年までについては「第二次」）と位置づけられたと考えられる（『厚生白書』では一九七三年版に初めてそうした区分による記述がみられる）。さらに一九七六年度以降は、「遺骨残存の確実な情報があり」「相手国の事情により収集が可能となった場合」に収容を実施することとなった（厚生省社会・援護局援護五〇年史編集委員会監修『援護五〇年史』一九九七）。今日に至る遺骨収容の取り組みは、この延長線上にあるといえる。

このように、一九五〇年代に開始された政府による「遺骨収集団」の派遣は、いったんは断絶をみたものの、一九六〇年代後半に再開し、そのまま今日に至っている。その間において「象徴遺骨」という考え方は消滅し、発見された遺骨は原則として送還するという条件付きの「内地還送」方式というべきものに方針が変わっていった。また、一九五〇年代に「収集団」が行っていた「戦没日本人之碑」の建立は一九六〇年代以降には行われず、代わって一九七〇年代以降に政府は、遺骨収容とは別途の事業として戦域ごとに戦没者慰霊碑を改めて建立することとなった。こうして、一九五〇年代に構築された海外戦没者処理の体系は、時の経過とともに変容していったのである。

DNA鑑定という可能性

「遺骨収集団」の派遣は再開されたものの、収容された遺骨の多くはすでに風化が激しく、年を追うごとに遺骨の身元調査は困難になっていった。身元が判明せず、遺族へ伝達不能な遺骨は千鳥ヶ淵戦没者墓苑へ納骨された。その数は二〇一三年の時点で約三七万柱にのぼる。

しかし今世紀に入って厚労省は、「科学技術の進歩により遺骨の身元調査にDNA鑑定が有力な手段」となりつつあるなかで、「遺族の中にはDNA鑑定を実施して遺骨の氏名を特定し、その遺骨を引き取りたいと強く要望するものがでてきている」として、医師や弁護士など各分野から専門家を招いてDNA鑑定の技術的および倫理的な問題についての検討を開始した（厚生労働省社会・援護局「戦没者遺骨のDNA鑑定に関する検討会の開催について」二〇〇一年六月一一日）。その結果、二〇〇三年度から戦没者の遺骨をDNA鑑定することで身元を特定する試みが開始されることとなった。

DNA鑑定は、①戦没者や遺族を推定できる死亡者名簿などの記録資料が存在すること、②遺族からの検体の提供、③鑑定に有効な遺骨のDNA抽出という三つの条件を満たすことを前提に、鑑定を希望する遺族との間で行われ、シベリア抑留者の遺骨を中心に少なからぬ成果が挙がっている（表9）。他方で、沖縄のように高温多湿でDNA抽出が難しいうえに、沖縄戦によって多くの記録が焼失しているなどの理由によって、この条件を満た

表9　戦没者遺骨のDNA鑑定状況（単位：件）

年度	判明	否定	計
2003	8	0	8
2004	47	24	71
2005	157	36	193
2006	168	245	413
2007	149	187	336
2008	145	71	216
2009	86	76	162
2010	46	60	106
2011	30	15	45
2012	32	65	97
計	868	779	1,647

厚生労働省 HP より作成.

すことが困難な場合も少なくない。

しかし、それでもやはり、このDNA鑑定という手法が取り入れられたことによって、これまで「身元不明」として千鳥ヶ淵戦没者墓苑へ納骨せざるを得なかった遺骨についても遺族のもとへ「帰る」可能性が生じたことは、戦後七〇年近くを経てなお遺骨を待ち続ける遺族にとっては新たな希望を抱かせるものであり、遺骨収容の試みはまた新たな段階に入ったといえる。二〇〇九年にはシベリア抑留者以外の遺骨として初めて硫黄島の戦没者が、二〇一一年には沖縄の戦没者の身元がDNA鑑定によって判明し、遺族へと遺骨が引き渡されている。

釜墓地からの問いが気づかせてくれたように、遺族にとって「遺骨帰還」とは、海外にある遺骨が日本本土に「還って」きただけでは完結しない。遺族のもとへ「帰って」くることこそが本当の「遺骨帰還」であるという素朴な感覚に、万能ではないにせよ、DNA鑑定は応える可能性を秘めている。

「終わらぬ戦後」の象徴として――エピローグ

戦死やあわれ

三重県出身の詩人・竹内《たけうち》浩三《こうぞう》によって詠まれた詩「骨のうたう」（原型）は、冒頭、次の印象的なフレーズで始まる（竹内浩三〔小林察編〕『戦死やあわれ』二〇〇三）。

戦死やあわれ
兵隊の死ぬるやあわれ
とおい他国で　ひょんと死ぬるや
だまって　だれもいないところで
ひょんと死ぬるや

竹内は一九四二年一〇月に入営し、一九四五年四月、フィリピン・バギオ北方で戦死を遂げた。彼の遺骨箱もまた「空の遺骨箱」であった。戦死のはかなさ、むなしさを「ひょんと死ぬるや」と表現したこの詩は、戦後、彼の同人仲間であった中井利亮によって編集され、広く世に知られるようになった。そしてこの詩は、次のフレーズで結ばれる。

ああ　戦死やあわれ
故国の風は　骨を吹きとばした
故国は発展にいそがしかった
女は　化粧にいそがしかった
なんにもないところで
骨は　なんにもなしになった

竹内はこの詩を入営前に詠んでいたものと思われるが（竹内のノートには「一九四二・八・三」の日付がある）、彼がうたった戦死のはかなさやむなしさ、そして「骨」のありようは、遺骨が「還って」こなかった彼自身の死と、本書でみてきた戦後日本の海外戦没者処理をめぐる状況に相通ずるものがある。

「空の遺骨箱」と「象徴遺骨」

戦前期において「戦場掃除」と「内地還送」という二大原則が確立するにしたがい、戦没者の遺骨は「帰って」くるものという感覚が日本人の間で共有されるようになっていた。アジア太平洋戦争期においてこれらの原則が崩壊すると、遺骨が「還らない」状況に対して多くの遺族は「空の遺骨箱」を本物の遺骨と読み替えて受け取らなければならなかった。しかし、それはあくまで軍部によって強制されたフィクションに過ぎず、現実には、戦没者の遺体は日本からはるかに離れた見知らぬ土地で人知れず朽ちていくことを余儀なくされていた。「空の遺骨箱」を遺族に伝達することは、こうした現実から遺族の目を逸らす役割を果たすとともに、戦没者の遺骨についてはすでに「処理済み」と強弁し得る点で軍部や政府にとって都合のよい手続きであった。

敗戦によって、このフィクションを強制する主体を失った戦後の日本は、戦没者とその遺族がおかれた現実に改めて向き合うこととなった。約二四〇万人という海外戦没者数の規模、アジア・太平洋の広範囲にわたる戦場、そして時の経過による遺体・遺骨の風化。これらのうち一つだけをとってみても、すべての遺体・遺骨を日本に帰還させることは事実上不可能であった。しかし重要なのは、いみじくもGHQのリヴィスト少佐が指摘したように、「政府は果して是等（海外）戦没将兵を如何に取扱ひくれたか」という点であった。戦後の日本は、新たな海外戦没者処理の体系を構築する必要に迫られていた。

日本政府は占領初期から検討を開始しており、そこで得た一応の結論は「内地還送」、すなわち原則として海外戦没者の遺体・遺骨はすべて収容し、日本本土へ送還するという方針であった。しかし、米国との交渉を経てそれは変更を余儀なくされ、現地では遺骨を「印程度」に収容し、収容された一部の遺骨をその戦域全体の戦没者の「象徴遺骨」とみなすこととなった。この一九五〇年代における「象徴遺骨」の収容方針は、経済的な困難や相手国との関係などさまざまな制約下にあった当時の日本がとり得た現実的な方策であったといえる。また、「遺骨収集団」の派遣を通じて、少なからず現地政府や住民との間に交流や相互理解の場を持ちえたことは、一定の成果として評価できるだろう。しかし、こうして構築された一九五〇年代における海外戦没者処理の体系は、未帰還遺骨のほとんどが日本本土へは「還らず」、したがって当然遺族のもとへも「帰らない」ことを前提とするものであった。そしてこのことは、必ずしも国民的なコンセンサスを得て結論づけられたものではなかった。

この場合の「象徴遺骨」とは、諸外国の「無名戦士の墓」において使用される意味合いとは性格が異なり、一九五〇年代の日本に特有のものであった。そして「象徴遺骨」の収容をもって海外における全戦没者の遺骨帰還が実現したというフィクションが強調されればされるほど、収容し得なかった大多数の遺骨の存在に対してそれ以上目を向けられることがなくなった。その意味では、一九五〇年代における「象徴遺骨」をめぐる言説は、「空の遺骨箱」を本物の遺骨と読み替えることを強いた戦前の論理と大差なく、実際には

「還っていない」遺骨を帰還済みとするフィクションを再度遺族たちに強いるものであった。こうして戦時中・戦後を通じて遺骨が「還らない」ことが常態化するなかで、いつしか日本人は戦没者の遺骨が「帰らない」ことに慣れてしまっていたのではないだろうか。

そしてさらに深刻だったのは、「象徴遺骨」というフィクションが語られるうちに戦後二〇年という時が経過し、その間において遺体・遺骨の風化がいっそう進行してしまったことであった。終戦から七年もの間、日本は連合国の占領下におかれ、外交権を含む主権が制限されていた。その状況下で海外の戦没者処理を実施することは事実上不可能であったことを考えると、独立を回復してから間もない時期というのは遺骨収容にとって決定的に重要であった。にもかかわらず、一九五〇年代において「象徴遺骨」の収容方針を採用したことは、結果として収容されなかった大多数の遺体・遺骨のさらなる風化を招くこととなった。

遠ざかる戦後

「象徴遺骨」という日本人にとってなじみの薄い、そして諸外国の使用例ともニュアンスの異なる論理がある種の説得力を持ち得たことには、戦争終結からおよそ一〇年が経過し、人々の生活のなかで少しずつ戦争が遠ざかりつつあった一九五〇年代後半という時代性と関係しているかもしれない。『経済白書』が「もはや戦後ではない」と記したのは一九五六年のことであるが、この時期、遺骨収容のみならず、戦没者や引揚げなどにかかる「戦後処理」の問題は急速に収束へと向かいつつあった。それは本書でみた「遺骨収集団」の派遣終了（一九五八年三月）と千鳥ヶ淵戦没者墓苑の創設（一九五九年三月）に加え、シベリア抑留者の帰還完了（一九五六年一二月）、一九五三年から二一回にわたって続いた中国からの後期集団引揚げの終了（一九五八年七月）、一般戦没者の靖国神社への合祀《ごうし》の概了（一九五九年四月）、そして未復員者等に対して戦時死亡宣告を可能とする「未帰還者に関する特別措置法」の成立（一九五九年四月）といった具合である。

こうした一連の動きをみるとき、一九五〇年代末をめどに戦争に対していったん「区切り」をつけようとした時代の流れがあったようにもみてとれる。そうした流れのなかで、海外戦没者の遺骨収容を「一応終了」させるにあたって、「象徴遺骨」の論理は政府当局の説明に説得力を与えるものとなった。そして一九六〇年を境として「政治の季節」から「経済の季節」へと移りゆき、日本は高度経済成長に邁進していくことになる。それはまさに、竹内の詩が予見した日本の姿でもあった。

故国の風は　骨を吹きとばした
故国は発展にいそがしかった

終わらぬ戦後

しかし、そこで戦没者と遺族たちの「戦後」は終わらなかった。高度経済成長により日本がまさに飛躍的発展を遂げつつあった一九六〇年代後半における遺骨収容の再開は、「象徴遺骨」の収容によって海外戦没者の遺骨収容が「一応終了」したとみなすフィクションがもろくも崩壊したところから始まった。

現地を訪れた遺族や戦友たちは、まだ多数の戦没者の遺体や遺骨が残されているという現実をほとんど初めて目の当たりにした。長い間そこから目を逸らし続けることを余儀なくされた彼らが、それらを何とかしたい、何とか日本へ、家族のもとへ帰してやりたいと考えたのは、自然の感情であった。その状況はまさに、硫黄島・沖縄へ初めて遺骨調査団を派遣した際に生じた遺骨の「野ざらし問題」の再燃を思わせるような様相を呈した。

結局、戦後二〇年以上の時を経て、「象徴遺骨」という考え方は事実上（非明示的に）撤回され、日本の海外戦没者処理は振り出しに戻るかたちで再開された。そしてそれから今日に至るまで、終わりのみえない状態のなかで遺骨収容の取り組みが続けられている。その意味では、戦後二〇年の間にいったい何が行われていたかについて明らかにすることを試みた本書の作業は、無意味ではないだろう。

二〇一三年現在、約二四〇万人の海外戦没者のうち、未帰還の遺骨は約一一三万柱で、そのうち収容可能な遺骨は六〇万柱とされている。この先、政府が遺骨収容の取り組みを続けていくとしても、この数字がゼロになることはないだろう。しかし再開後の取り組みが、もはやフィクションに基づくものではなく、遺族や戦友、そしてその次の世代の者たちによる遺骨帰還への切なる願いとそれに応える国家の意志に基づくものであるならば、これからも続けられていくべきものであろう。そして、DNA鑑定など活用し得る最新の科学技術を駆使して、一人でも多くの戦没者を遺族たちのもとへ「帰す」試みがなされるべきである。それは決して「遺骨の英霊化」によって戦争を賛美するような性格のものではなく、死してなお尊厳を奪われた戦没者たちに対して、まさに人間としての尊厳を取り戻すための取り組みと位置づけられるものである。

二〇一〇年には、菅直人《かんなおと》首相のイニシアチブのもとで「硫黄島からの遺骨帰還のための特命チーム」が設置され、硫黄島における未帰還の遺骨を集中的に収容する方針が示された。過去において「遺骨収集」と称されていた取り組みが「より遺骨に丁重に対応する観点」から、個々のプロセスに関する用語としては「遺骨収容」に、総称としては「遺骨帰還」という文言に置き換えられたのも、この時以来である（『厚生労働白書』二〇一一年版）。この動きはその後の政権にも継承され、二〇一三年の安倍晋三《あべしんぞう》内閣のもとでは遺骨収容を加速する方針が示されている。

海外戦没者の遺骨収容をめぐる問題は、日本にとって「終わらぬ戦後」の象徴ともいえる。しかし、だからといって「戦後」がいつまでも終わらないと嘆く必要はない。現実から目を逸らし、終わらせることを強いられるよりは、終わらないことの意味を問い続けること、それが許されている時代の方がずっと幸福なのだということを、われわれは銘記すべきであろう。

あとがき

アジア太平洋戦争の終結から、七〇年もの歳月が経過しようとしている。戦争の実体験者が確実に減りつつある時代的状況のなかで、近年、「戦争の記憶」を中心テーマに据えた研究はその充実度を増し、より多角的な視点で戦争を捉えることが可能になってきた。本書は、そうした先行研究を踏まえつつ、「海外戦没者」という従来ほとんど顧みられることのなかった存在に焦点を当てて戦後史の新たな一面を描こうとしたものである。

その際、手法としてはあくまで歴史的アプローチをとることにこだわった。それは筆者の能力的な問題もあるが、一方でこのテーマを客観的に論ずるにあたっての枠組みとしてまず、歴史的な経緯を明らかにすることが必要かつ有効であると考えたからである。本書が、今後の議論のための一つの材料となれば望外の喜びである。なお、「歴史文化ライブラリー」というシリーズの性格上、本文中には詳細な注を付していないが、本書の内容の多くは主要参考文献に挙げた拙論文を基礎としている。あわせてご参照いただければ幸いである。

日々の業務に追われ、研究に充てる時間が限られた状況のなかで、筆者が曲がりなりにも本書の刊行にこぎつけることができたのは、言うまでもなく多くの方々の支えがあったからこそである。ここですべてのお名前を挙げることは叶わないが、まずは筆者を歴史研究の世界へと導き、今日に至るまで厳しくも温かくご指導いただいている紀平英作先生と永井和先生に感謝したい。両先生の歴史家としての真摯で妥協を許さぬ姿勢は、常に筆者の指針となっている。

また本書は、増田弘先生を研究代表とする東洋英和女学院大学現代史研究所の研究助成金（「復員・引揚に関する総合的研究」）および文部科学省科学研究費補助金（基盤B「第二次大戦の終結による日本帝国解体過程の基盤的研究」）による研究成果の一部である。増田先生をはじめとして、研究会メンバーの加藤陽子先生、佐藤晋先生、加藤聖文先生、永島広紀先生、大澤武司先生らとのアカデミックかつ自由闊達な雰囲気のなかで交わされた議論から多くの貴重な示唆を得ることができた。この研究会の一員に加えていただいたことは筆者にとってかけがえのない財産である。諸先生方に感謝したい。

そして筆者が本書のテーマに取り組むきっかけを与えてくれた畏友・上杉和央氏にもお

礼を言いたい。最初の議論からはや十数年が過ぎてしまったが、本書が一つの答えになり得るだろうか。また、本書に関するテーマについてこれまでいくつかの研究会や講演会などで報告する機会を得た。質疑応答などを通じて得られた様々な知見をすべて活かしきれたとは言い難いが、報告を重ねるなかで筆者自身の考えを整理できたことは非常に有意義であった。その他にも、史料収集時にお世話になった方々や、インタビューに応じてくださった遺家族の方々など、そのすべての出会いが本書の血肉となっている。

本書執筆の依頼をいただいたのは二〇一一年三月初めのことであった。その一〇日後、東日本大震災が発生した。日に日に増大する死者・行方不明者の数に呆然としながら、しばらく筆を進めることができなかった。地震や津波で家族や友人たちを亡くした多くの方々がおかれた状況と、本書で扱った戦没者の遺家族たちの状況が重なるような気がしてならなかった。圧倒的な現実を目の当たりにして、戦争を知らない世代の筆者が「海外戦没者」という特殊な状況下の死者に対してどう向き合うべきか、という原点に立ち返って思考を重ねているうちに、三年もの月日が流れてしまった。この間、やんわりと筆者を叱咤しつつも辛抱強く待っていただいた吉川弘文館編集部の若山嘉秀氏と、丁寧に校正作業につきあっていただいた高尾すずこ氏に感謝したい。

最後に、いつも筆者の研究を支え見守ってくれている父と亡き母、そして筆者にとって最大の理解者であり、有能な編集者でもある妻に心から感謝したい。

二〇一四年二月　杉並・松庵にて

浜井和史

主要参考史料・文献

〈史料〉

外務省外交史料館所蔵記録

「陸海軍墓地及埋葬関係雑件　帝国ノ部」

「諸外国における本邦人墓地及び遺骨調査収集関係（慰霊を含む）」

「米国管理下の太平洋諸島における本邦人墓地及び遺骨調査収集関係（慰霊を含む）」

「戦没者及び残留邦人物故者の遺骨送還関係」

加藤聖文監修・編『海外引揚関係史料集成』全三五巻（ゆまに書房、二〇〇二年）

国立国会図書館調査及び立法考査局編『新編靖国神社問題資料集』（二〇〇七年）

寺脇隆夫編・解説『戦後創設期／社会福祉制度・援護制度史資料集成　マイクロフィルム版木村忠二郎文書資料（第Ⅰ期）』（柏書房、二〇一〇年）

浜井和史編・解題『復員関係史料集成』全一二巻（ゆまに書房、二〇〇九・二〇一〇年）

〈文献〉

赤澤史朗『靖国神社―せめぎあう〈戦没者追悼〉のゆくえ―』（岩波書店、二〇〇五年）

一ノ瀬俊也『銃後の社会史―戦死者と遺族―』（吉川弘文館、二〇〇五年）

伊藤智永『奇をてらわず―陸軍省高級副官美山要蔵の昭和―』(講談社、二〇〇九年)
内海愛子・上杉聰・福留範昭『遺骨の戦後―朝鮮人強制動員と日本―』(岩波書店、二〇〇七年)
エルドリッヂ、ロバート・D『硫黄島と小笠原をめぐる日米関係』(南方新社、二〇〇八年)
長志珠絵『占領期・占領空間と戦争の記憶』(有志舎、二〇一三年)
北村毅『死者たちの戦後誌―沖縄戦跡をめぐる人びとの記憶―』(御茶の水書房、二〇〇九年)
厚生省援護局編『引揚げと援護三十年の歩み』(一九七八年)
厚生省社会・援護局援護五〇年史編集委員会監修『援護五〇年史』(ぎょうせい、一九九七年)
小西龍造『戦後なき遺体』(リアルマガジン社、一九八四年)
佐世保釜墓地戦歿者護持会『慟哭の釜墓地』(二〇〇五年)
竹山道雄『ビルマの竪琴』(新潮社、一九五九年)
千鳥ヶ淵戦没者墓苑奉仕会編『千鳥ヶ淵戦没者墓苑創建五〇年史』(二〇〇九年)
中野聡「追悼の政治―戦没者慰霊をめぐる第二次世界大戦後の日本・フィリピン関係史―」(池端雪浦、リディア・N・ユー・ホセ編『近現代日本・フィリピン関係史』岩波書店、二〇〇四年)
波平恵美子『日本人の死のかたち―伝統儀礼から靖国まで―』(朝日新聞社、二〇〇四年)
羽賀祥二「戦病死者の葬送と招魂―日清戦争を例として―」(『名古屋大学文学部研究論集』第一三六号、二〇〇〇年)
浜井和史「戦後日本の海外戦没者慰霊―一九五〇年代遺骨収集団の派遣経緯と「戦没日本人之碑」の建立―」(『史林』第九一巻第一号、二〇〇八年一月)

浜井和史「「内地還送」から「象徴遺骨」の収容へ―戦後日本政府による初期「遺骨収集」の方針策定の経緯―」（『現代史研究』第六号（東洋英和女学院大学）、二〇一〇年三月）
浜井和史「パプアニューギニアにみる戦争の記憶―遺骨帰還、モニュメント、戦跡―」（『二一世紀研究』第一二号、二〇一一年一二月）
浜井和史「遺骨の帰還」（増田弘編『大日本帝国の崩壊と引揚・復員』慶應義塾大学出版会、二〇一二年）
原田敬一『国民軍の神話―兵士になるということ―』（吉川弘文館、二〇〇一年）
原田敬一「陸海軍墓地制度史」（『国立歴史民俗博物館研究報告』一〇二、二〇〇三年）
原田敬一「慰霊の政治学」（小森陽一・成田龍一編『日露戦争スタディーズ』紀伊國屋書店、二〇〇四年）
原田敬一『兵士はどこへ行った―軍用墓地と国民国家―』（有志舎、二〇一三年）
引揚援護庁編『引揚援護の記録』（一九五〇年）、厚生省引揚援護局編『続・引揚援護の記録』（一九五五年）、厚生省援護局庶務課記録係編『続々・引揚援護の記録』（一九六三年）（以上の三冊は、クレス出版より二〇〇〇年に復刻版が刊行）
藤井忠俊『兵たちの戦争―手紙・日記・体験記を読み解く―』（朝日新聞社、二〇〇〇年）
吉田裕『兵士たちの戦後史』（岩波書店、二〇一一年）

著者紹介

一九七五年、北海道に生まれる
二〇〇四年、京都大学大学院文学研究科博士後期課程研究指導認定退学
外務省外交史料館勤務を経て、
現在、帝京大学専任講師

主要論文等

「遺骨の帰還」(増田弘編『大日本帝国の崩壊と引揚・復員』慶應義塾大学出版会、二〇一二年)

『復員関係史料集成』全一二巻(編集・史料解題、ゆまに書房、二〇〇九・二〇一〇年)

「戦後日本の海外戦没者慰霊―一九五〇年代遺骨収集団の派遣経緯と「戦没日本人之碑」の建立―」(『史林』第九一巻第一号、二〇〇八年一月)

歴史文化ライブラリー
377

海外戦没者の戦後史
遺骨帰還と慰霊

二〇一四年(平成二十六)五月一日　第一刷発行

著　者　浜《はま》井《い》和《かず》史《ふみ》
発行者　前田求恭
発行所　株式会社　吉川弘文館
東京都文京区本郷七丁目二番八号
郵便番号一一三―〇〇三三
電話〇三―三八一三―九一五一〈代表〉
振替口座〇〇一〇〇―五―二四四
http://www.yoshikawa-k.co.jp/
印刷＝株式会社　平文社
製本＝ナショナル製本協同組合
装幀＝清水良洋・宮崎萌美

歴史文化ライブラリー

1996.10

刊行のことば

現今の日本および国際社会は、さまざまな面で大変動の時代を迎えておりますが、近づきつつある二十一世紀は人類史の到達点として、物質的な繁栄のみならず文化や自然・社会環境を謳歌できる平和な社会でなければなりません。しかしながら高度成長・技術革新にともなう急激な変貌は「自己本位な刹那主義」の風潮を生みだし、先人が築いてきた歴史や文化に学ぶ余裕もなく、いまだ明るい人類の将来が展望できていないようにも見えます。このような状況を踏まえ、よりよい二十一世紀社会を築くために、人類誕生から現在に至る「人類の遺産・教訓」としてのあらゆる分野の歴史と文化を「歴史文化ライブラリー」として刊行することといたしました。

小社は、安政四年（一八五七）の創業以来、一貫して歴史学を中心とした専門出版社として書籍を刊行しつづけてまいりました。その経験を生かし、学問成果にもとづいた本叢書を刊行し社会的要請に応えて行きたいと考えております。

現代は、マスメディアが発達した高度情報化社会といわれますが、私どもはあくまでも活字を主体とした出版こそ、ものの本質を考える基礎と信じ、本叢書をとおして社会に訴えてまいりたいと思います。これから生まれでる一冊一冊が、それぞれの読者を知的冒険の旅へと誘い、希望に満ちた人類の未来を構築する糧となれば幸いです。

吉川弘文館

〈オンデマンド版〉
海外戦没者の戦後史
遺骨帰還と慰霊

歴史文化ライブラリー
377

2022年（令和4）10月1日　発行

著　者　浜《はま》井《い》和《かず》史《ふみ》
発行者　吉川道郎
発行所　株式会社　吉川弘文館
〒113-0033　東京都文京区本郷7丁目2番8号
TEL　03-3813-9151〈代表〉
URL　http://www.yoshikawa-k.co.jp/

印刷・製本　大日本印刷株式会社
装　幀　清水良洋・宮崎萌美

浜井和史（1975～）

ISBN978-4-642-75777-5